Venedig ist überall

Bruno S. Frey

Venedig ist überall

Vom Übertourismus zum Neuen Original

Bruno S. Frey
Universität Basel
Basel, Schweiz

ISBN 978-3-658-30278-8   ISBN 978-3-658-30279-5 (eBook)
https://doi.org/10.1007/978-3-658-30279-5

Die Deutsche Nationalbibliothek verzeichnet diese Publikation in der Deutschen Nationalbibliografie; detaillierte bibliografische Daten sind im Internet über http://dnb.d-nb.de abrufbar.

Springer
© Der/die Herausgeber bzw. der/die Autor(en), exklusiv lizenziert durch Springer Fachmedien Wiesbaden GmbH, ein Teil von Springer Nature 2020
Das Werk einschließlich aller seiner Teile ist urheberrechtlich geschützt. Jede Verwertung, die nicht ausdrücklich vom Urheberrechtsgesetz zugelassen ist, bedarf der vorherigen Zustimmung des Verlags. Das gilt insbesondere für Vervielfältigungen, Bearbeitungen, Übersetzungen, Mikroverfilmungen und die Einspeicherung und Verarbeitung in elektronischen Systemen.
Die Wiedergabe von allgemein beschreibenden Bezeichnungen, Marken, Unternehmensnamen etc. in diesem Werk bedeutet nicht, dass diese frei durch jedermann benutzt werden dürfen. Die Berechtigung zur Benutzung unterliegt, auch ohne gesonderten Hinweis hierzu, den Regeln des Markenrechts. Die Rechte des jeweiligen Zeicheninhabers sind zu beachten.
Der Verlag, die Autoren und die Herausgeber gehen davon aus, dass die Angaben und Informationen in diesem Werk zum Zeitpunkt der Veröffentlichung vollständig und korrekt sind. Weder der Verlag, noch die Autoren oder die Herausgeber übernehmen, ausdrücklich oder implizit, Gewähr für den Inhalt des Werkes, etwaige Fehler oder Äußerungen. Der Verlag bleibt im Hinblick auf geografische Zuordnungen und Gebietsbezeichnungen in veröffentlichten Karten und Institutionsadressen neutral.

Springer ist ein Imprint der eingetragenen Gesellschaft Springer Fachmedien Wiesbaden GmbH und ist ein Teil von Springer Nature.
Die Anschrift der Gesellschaft ist: Abraham-Lincoln-Str. 46, 65189 Wiesbaden, Germany

Vorwort: Übertourismus: Problem und ein radikaler Vorschlag

Als Achtjähriger schenkten mir meine Eltern eine Reise nach Paris, weil ich unbedingt den Eiffelturm sehen wollte. Ich war von diesem imposanten Bauwerk gebührend beeindruckt. Meine Eltern legten aber Wert darauf, dass ich auch das berühmteste Bild der Welt sehen sollte. Ich erinnere mich noch deutlich, dass ich die Mona Lisa schön fand, aber erstaunt war, wie klein das Gemälde ist.

Kürzlich wollte ich die Mona Lisa wieder sehen, weil ich ein Werk über Leonardo da Vinci gelesen hatte und nun das Bild im Original sehen wollte. Die Situation war jedoch völlig anders als bei meinem ersten Besuch (Abb. 1).

Nachdem ich nach langem Warten in der prallen Sommerhitze vor der Pyramide des Louvre endlich in den Vorraum des Museums gelangte, wurde mir sofort klar, wo sich das Meisterwerk befindet, weil sich eine riesige Menschenmasse in diejenige Richtung bewegte, die mit dem Hinweis „Here to the Mona Lisa" ausgeschildert war. Auf dem Weg zur Galerie Médicis gab es kein Halten; ich wurde von den Menschenmassen buchstäblich geschoben. Vor der Galerie wieder eine Warteschlange, bis ich dann endlich am Ziel angelangt war. Die Mona Lisa ist hinter Panzerglas gesichert, gut bewacht und weiträumig abgesperrt. Gleichzeitig dürfen nur zehn bis 15 Personen für kurze Zeit vor das Bild treten. Nur wenige

VI   Vorwort: Übertourismus: Problem und ein radikaler Vorschlag

Abb. 1 Warteschlange vor dem Louvre-Museum in Paris. (Quelle: Drago Gazdik, Pixabay)

Besucher betrachten das Bild, stattdessen versuchen sie, mit ihren Mobiltelefonen ein Selfie mit der Mona Lisa zu machen.

Nach wenigen Sekunden werden sie aufgefordert, weiterzugehen; ein Einspruch ist unmöglich. Wer sich nicht genügend rasch fortbewegt, wird durch das Aufsichtspersonal weitergeschoben. Diese Hast ist notwendig; von den bis zu 30.000 Besuchern täglich, wollen 80 Prozent unbedingt die Mona Lisa sehen. Was sonst noch im Louvre zu bestaunen wäre, ist offenbar für die meisten Besucher weniger wichtig.

Der Rummel um die Mona Lisa ist kein Einzelfall im Kulturtourismus. Ein Freund berichtete mir, dass er auf einer Reise durch das Allgäu seiner Frau das Schloss Neuschwanstein zeigen wollte. Er ist jedoch gescheitert und musste umkehren, weil alle Parkplätze total überfüllt waren.

Dies überrascht nicht, weil pro Jahr 1,5 Millionen Personen dieses erst Ende des 19. Jahrhunderts (partiell) vollendete „mittelalterliche" Schloss besuchen wollen. An einigen Tagen sind es mehr als 10.000 Touristen. Dieses „Märchenschloss" des Königs Ludwig II ist der größte Touristenmagnet Bayerns und weit darüber hinaus. Aufgrund des hohen Andrangs müssen Gäste ohne Voranmeldung mit mehreren Stunden Wartezeit rechnen. Vor allem in den Sommermonaten ist die Verkehrssituation

Vorwort: Übertourismus: Problem und ein radikaler Vorschlag

rund um das Schloss Neuschwanstein extrem angespannt. Der ausufernde Parkplatzsuchverkehr wirkt belastend auf die Bewohner, und der sich stauende Verkehr in der Ortschaft Füssen ist wesentlich auf den An- und Abreiseverkehr der Schlosstouristen zurückzuführen.

Das bekannteste Beispiel für kulturellen Übertourismus ist *Venedig*, auch *La Serenissima* („Die Durchlauchtigste") genannt. Ihr historisches Zentrum (*centro storico*) wird an manchen Tagen im Jahr von mehr als 130.000 Besuchern überschwemmt. Pro Jahr besuchen etwa 30 Millionen Personen die Stadt; 1949 waren es weniger als eine halbe Million. Gleichzeitig ist die Zahl der Einwohner auf rund 50.000 Personen gesunken, die Zahl der Zweitwohnsitze hingegen stark gestiegen. Nicht zu vergessen sind die rund 40.000 Passagiere der täglich bis zu vier riesigen Kreuzfahrschiffe, die den engen Kanal zwischen Venedig und der Insel Giudecca durchfahren, um im Hafen anzulegen (Abb. 2).

Abb. 2 Übertourismus in Venedig; hier vor dem Markusdom. (Quelle: M W, Pixabay)

Übertourismus betrifft auch kleinere Orte. So drängen sich an manchen Tagen mehr als 10.000 Touristen in das nur 750 Einwohner zählende Städtchen Hallstatt in Österreich.

Selbst in einer Großstadt wie Rom verändert der Übertourismus das Geschehen merklich. So bildet sich vor den vatikanischen Museen eine oft kilometerlange Warteschlange. Die meisten der bis zu 30.000 Besucher wollen die Cappella Sistina mit den Fresken von Michelangelo sehen. Entsprechend wird man buchstäblich dorthin gezwängt. Es besteht nicht einmal die Möglichkeit, die wundervollen Gemälde von Raffael in den vier „Stanzen" des Vatikanischen Palastes zu betrachten. Vielmehr wird man mit dem riesigen Menschenstrom in Richtung der Sistina geschoben. Einmal dort, wird man vom Aufsichtspersonal gedrängt, möglichst rasch wieder hinauszugehen. Selbst vor dem Petersdom steht in der prallen Sonne eine lange Warteschlange. Mich überrascht dabei, dass auch viele Priester und Ordensleute in der Hitze anstehen müssen, obwohl sie ein Teil der katholischen Kirche sind.

Als Wirtschaftswissenschaftler weiß ich wohl, wie mit einer Situation umzugehen ist, in der – wie beim Übertourismus – die Nachfrage das Angebot deutlich übersteigt. Die Besuchskosten müssen erhöht werden, um die Nachfrage auf das bestehende Angebot zu vermindern. In der Tat wurde verschiedentlich erwogen, einen Eintrittspreis für den Besuch von überlaufenen Städten zu erheben. Allerdings ist dieses Verfahren nur selten anwendbar. Es ist bloß möglich für Orte, die nur wenige, und zudem leicht kontrollierbare, Eingänge aufweisen. Dies trifft etwa auf Venedig, Dubrovnik und den Mont-Saint-Michel zu. Eintrittspreise werden für diese Städte immer wieder vorgeschlagen und politisch diskutiert. Juristen und Angehörige der öffentlichen Verwaltung ziehen es jedoch vor, die Zahl der Besucher direkt zu beschränken oder zumindest deren Aufenthaltsdauer zu begrenzen. Auch hier stellen sich viele offensichtliche Probleme. So muss administrativ entschieden werden, wer in die Stadt darf (Dürfen dies bspw. auch Personen, die Freunde besuchen oder bei ihnen wohnen?) und eine willkürliche Begrenzung gezogen werden. Personen, denen der Zugang zu einem kulturellen Ort verwehrt wird, sind natürlich darüber enttäuscht; sie erleiden dadurch einen Nutzenverlust. Dieser unerwünschte Effekt muss berücksichtigt werden.

In diesem Buch wird eine radikal andere Lösung vorgeschlagen, nämlich das *Angebot zu erhöhen* und nicht die Nachfrage zu beschränken. Dies geschieht durch Schaffung *Neuer Originale*. Dazu sollen die wichtigsten Sehenswürdigkeiten an einer neuen Stelle identisch repliziert und mithilfe digitaler Technik attraktiv gestaltet werden. Dazu werden die Möglichkeiten sowohl erweiterter Realität (augmented reality) als auch virtueller Realität (virtual reality) genutzt. Die Geschichte und Kultur der Sehenswürdigkeiten sollen auf diese Weise spannend und zugleich lehrreich vermittelt werden. Gleichzeitig sind die Neuen Originale leicht zugänglich und ökologisch nachhaltig. Es wird zudem für ein geeignetes Angebot an Gaststätten, Hotels und Souvenirläden gesorgt.

Im ersten Moment erscheint dieser Vorschlag erschreckend. Er erinnert an Disneylands und andere Freizeitparks. Für manche Bildungsbürger ist eine solche Idee sogar ein Kulturfrevel. Dagegen lässt sich argumentieren, dass Besuchern eines historisch replizierten Ortes ein einzigartiges Gefühl dafür vermittelt wird, wie eine historische Stätte in der Vergangenheit ausgesehen hat, wie die Bevölkerung damals gelebt hat, und welche künstlerische Bedeutung sie hat. Sofern die heute bereits bestehenden technischen und digitalen Möglichkeiten sinnvoll eingesetzt werden, bietet eine Kopie mittels eines Neuen Originals den Besuchern zusätzliche Informationen und Möglichkeiten. Gleichzeitig wird der Bevölkerung aufgezeigt, in welcher Weise Kunst in der digitalen Welt auf ansprechende Weise vermittelt werden kann.

Ich werde zeigen, dass der Vorschlag Neuer Originale viele Vorteile aufweist und eine sinnvolle Möglichkeit darstellt, mit den bereits bestehenden und zukünftig zu erwartenden Touristenmassen umzugehen. In der bisherigen Literatur zum Übertourismus ist dieser Vorschlag nicht zu finden: Das Angebot einer kulturellen Sehenswürdigkeit auszuweiten, wird als unmöglich angesehen.

Viele Touristen werden das replizierte Angebot einer kulturellen Sehenswürdigkeit gerne annehmen. Ein Neues Original bietet in vielfacher Hinsicht sogar mehr als das Original. Mit der Neuschöpfung wird zusätzlich eine engere Beziehung zur Geschichte und Kultur des Ortes geschaffen. Damit wird der Druck auf die „Originale" vermindert und dadurch den wahren Kunstliebhabern deren Besuch angenehmer gestaltet. Zu bedenken ist auch, dass der Unterschied zwischen „Original" und „Kopie" seit Langem umstritten ist. So ist es offen, ob der 1902 wieder aufgebaute Campanile auf dem venezianischen Markusplatz als Original oder als Kopie aufzufassen ist.

Könnte ein Neues Original nicht deren Besucher ermuntern, später das Original zu besuchen? Damit würde der kulturelle Übertourismus noch zusätzlich angeheizt. Einige Touristen werden sicherlich das Original in der Zukunft einmal ansehen wollen, was positiv zu bewerten ist: Eine neue Kategorie von Personen wird kulturell angeregt. Ein großer Ansteckungseffekt ist jedoch aus mehreren Gründen nicht zu erwarten. Viele Touristen aus anderen Kontinenten werden Europa nur einmal besuchen und deshalb die Originalorte gar nie sehen. Darüber hinaus haben viele Besucher eines Neuen Originals kein Bedürfnis, das Original aufzusuchen. Sie sind mit dem replizierten Angebot zufrieden und wollen das Original gar nicht besichtigen, nicht zuletzt, weil es weniger Annehmlichkeiten bietet. Sie werden vielmehr andere Kulturstätten aufsuchen, von denen es ja auf der Welt eine große Zahl gibt. Sogar eine umgekehrte Wirkung ist denkbar. Wer das Original gesehen hat, kann durchaus auf die Idee kommen, das mittels digitaler Technik spannend gestaltete Neue Original zu besuchen. Personen, denen das Neue besser als das ursprüngliche Original gefällt, werden in Zukunft auch andere neugeschaffene Kulturstätten besuchen. Damit werden die Originalorte vom Übertourismus entlastet.

Neue Originale sind auch ökologisch von Vorteil, denn die neuen Kulturorte werden besonders umweltfreundlich gestaltet und betrieben. Die heutigen überlaufenen Kulturstätten sind hingegen von Abnutzung, Verschandelung und Verschmutzung bedroht. So ist etwa die Luft in Venedig ausgesprochen schlecht, obwohl die Stadt von den Meerwinden profitiert. Ein Grund dafür sind die vielen Kreuzfahrtschiffe, die auch angedockt ihre gewaltigen Maschinen laufen lassen. Außerdem sind die Kulturtouristen genötigt, viele verschiedene Orte aufzusuchen, um beispielsweise die wichtigsten Kulturstätten Norditaliens zu besuchen. Ein Neues Original der wichtigsten Sehenswürdigkeiten etwa von Verona, Siena, Pisa, Padua, Bergamo und Vicenza an *einem* Ort, wie es in diesem Buch vorgeschlagen wird, verbessert die ökologische Bilanz der Besuchenden erheblich.

Ein Buch über „Übertourismus" mag gerade zum heutigen Zeitpunkt überraschen. Im Frühjahr 2020 ist die Corona-Pandemie ausgebrochen, wodurch dem Übertourismus schlagartig und nicht voraussehbar ein Ende bereitet wurde. Gegenwärtig liesse sich sogar von „Untertourismus" sprechen. Viele Länder haben den internationalen Tourismus völlig blockiert und in manchen Nationen ist auch das Reisen innerhalb der eigenen Grenzen verboten worden. Als Ergebnis stellt sich das genaue Gegenteil des Übertourismus ein. Der Tourismus ist lahmgelegt. Es zeigen sich völlig neue Bilder: ein total leerer Markusplatz in Venedig oder eine entvölkerte Große Mauer in China.

Dennoch kann dieses Buch als sinnvoll angesehen werden. Dafür lassen sich zwei Gründe anführen.

Erstens ist zu erwarten, dass sich der internationale und nationale Tourismus erholen wird, wenn die Corona-Welle überwunden ist. Allerdings ist offen, wie lange es dauert, bis sich wieder Situationen mit kulturellem Übertourismus einstellen. Manche Beobachter erwarten eine rasche Erholung, andere hingegen glauben, dass es einige Jahre dauern wird, bis der Touristenstrom wieder ähnliche Ausmaße annimmt wie vor 2020.

Diese auferlegte Pause ermöglicht uns, vertieft über den zukünftigen kulturellen Tourismus nachzudenken und uns zu überlegen, in welcher Weise die unguten Zustände der Vergangenheit vermieden werden können. Der hier vorgebrachte Vorschlag einer Ausweitung des Angebots mittels Neuer Originale soll dazu einen Beitrag liefern.

Zweitens haben die Auswirkungen des Coronavirus zu einem verstärkten Gebrauch digitaler Techniken geführt. Zwar ist dieser Trend schon vorher sichtbar gewesen, wurde aber durch den Zwang zur Isolierung der Menschen in ihre Wohnungen intensiviert. So haben zum Beispiel Opernhäuser unentgeltlich Aufführungen virtuell angeboten. Das Opernhaus der Stadt Zürich hat Vincenzo Bellinis „I Capuleti e i Montecchi", Giuseppe Verdis „Nabucco" und „Rigoletto" und Alban Bergs „Wozzeck" ins Internet gestellt. Damit sind sicherlich auch viele Personen mit diesen großen Werken in Berührung gekommen, die wohl nie ins Opernhaus gegangen wären, um sie dort zu sehen. Mit diesen Internet-Übertragungen (Streaming) eröffnen sich auch neue Qualitäten und Dimensionen. Zum einen haben alle Zuschauer eine hervorragende Sicht auf die Bühne, so dass eine besonders gelungene Inszenierung besser zur

Geltung kommt und beachtet wird. Außerdem ermöglicht die digitale Übertragung Nahaufnahmen von Sängerinnen und Sängern, die bei einer herkömmlichen Opernaufführung unmöglich sind. Wer nicht nur gut singt, sondern auch besondere schauspielerische Fähigkeiten hat, steigert die Qualität, die eine künstlerische Darbietung vermittelt.

Einen Schritt weiter gehen Aktivitäten im Internet, die zuvor nur real möglich waren. Ein Beispiel ist die Organisation und Durchführung von virtuellen Fußballspielen oder Autorennen. Beteiligt sind nicht nur Computernerds, sondern auch viele andere Personen. Deshalb lohnt es sich bereits, derartige Aktivitäten zu kommerzialisieren, wodurch sie realer werden. Eine Übernahme dieses Trends in den kulturellen Bereich lässt sich leicht vorstellen und wird bereits unternommen.

Der in diesem Buch gemachte Vorschlag Neuer Originale betont die Möglichkeiten, Kunststätten virtuell zu gestalten und daraus ein besonderes Erlebnis zu gewinnen. Damit wird über die heute bestehenden Möglichkeiten hinausgegangen.

Basel, Schweiz   Bruno S. Frey

Dank

Das Problem des kulturellen Übertourismus und vor allem meinen Vorschlag der *Neuen Originale* konnte ich mit vielen meiner Kollegen, Bekannten und Freunde diskutieren. Manche sind skeptisch, andere finden es eine gute Idee. Vor allem danke ich Martin Beglinger, Reto Cueni, Jens Drolshammer, Reiner Eichenberger, Gerd Folkers, Allan Guggenbühl, Beat Gygi, Jürg Helbling, Leopold Kohn, Kai Konrad, Simon Lüchinger, Christine Maier, Peter Nobel, Jan Osterloh, Lasse Steiner, Christoph Schaltegger, Friedrich Schneider, Urs Schupp, Angel Serna, Alois Stutzer, Christian Ulbrich, Hans-Joachim Voth und Anne-Lea Werlen.

Dankbar bin ich auch für die Kommentare anlässlich der Präsentation meiner Idee an verschiedenen Universitäten und Forschungszentren.

Das Buch baut auf verschiedenen Artikeln auf, die in wissenschaftlichen Zeitschriften veröffentlicht werden sollen. Einer davon ist teilweise zusammen mit meinem Mitarbeiter Andre Briviba verfasst (Frey und Briviba 2019). Die Idee der Neuen Originale wird auch im Kapital 14 „Cultural Tourism" im Buch von Frey (2019) kurz erörtert.

Evelyn Holderegger und Andre Briviba haben das Manuskript äußerst sorgfältig und hilfreich durchgesehen und dadurch mannigfache Verbesserungen ermöglicht; dafür bin ich sehr dankbar.

Ganz besonders verbunden bin ich meinem Bruder, René L. Frey, und meiner Frau, Margit Osterloh, für die vielen wichtigen Hinweise und Gedanken.

Inhaltsverzeichnis

Teil I Übertourismus – Das Problem

1 **Überbordender Kulturtourismus** 3
   1.1 Um welche Zahlen geht es? 3
   1.2 Weshalb explodiert der kulturelle Übertourismus? 10
   1.3 Was bewirkt der kulturelle Massentourismus? 16

2 **Reaktionen auf den kulturellen Übertourismus** 25
   2.1 Es wird protestiert 25
   2.2 Ausweichen auf bisher wenig besuchte Kulturstätten 28
   2.3 Der Staat greift ein 29
   2.4 Besucher werden ausgeschlossen 39

Teil II Übertourismus – Ein Radikaler Vorschlag

3 **Eine positive Alternative: *Neue Originale*** 43
   3.1 Was bieten Neue Originale? 44
   3.2 Warum sind Neue Originale von Vorteil? 50
   3.3 Ähnliche Angebote gibt es bereits 52

4	Was lässt sich gegen Neue Originale einwenden?	63
	4.1 „Original" und „Neues Original"	63
	4.2 Atmosphäre und Akzeptanz fehlen	68
	4.3 Für Selfie-Touristen uninteressant?	69
5	Welche Probleme stellen sich?	71
	5.1 Welche Organisationsformen sind sinnvoll?	71
	5.2 Gibt es geeignetes Land?	72
	5.3 Sind bereits bestehende Kopien eine Konkurrenz?	73
	5.4 Werden die Originale dennoch überschwemmt?	74
	5.5 Widerstand aus der Politik	75
6	Wie können Neue Originale in die Wirklichkeit umgesetzt werden?	79
	6.1 Venedig	80
	6.2 Mehrere Städte vereinen	81
	6.3 Was braucht es, um Neue Originale zu schaffen?	91

Teil III Kultureller Übertourismus – Ein Ausblick

7	Folgerungen	97
	7.1 Kultureller Übertourismus ist umstritten	97
	7.2 Kultureller Übertourismus: Eine Lösung	99

Literatur	105

Teil I

Übertourismus – Das Problem

1
Überbordender Kulturtourismus

1.1 Um welche Zahlen geht es?

Gemäß der World Tourist Organization der Vereinten Nationen gab es im Jahr 1950 25 Millionen internationale Touristen. Diese Zahl ist im Jahre 2018 auf 1,4 Milliarden gestiegen, also auf nicht weniger als das 56-Fache. Es besteht weitgehende Einigkeit, dass der internationale Massentourismus in den kommenden Jahrzehnten weiter zunehmen wird. Einer vorsichtigen Prognose zufolge soll die Zahl der Besucher Europas von etwas über 500 Millionen Personen im Jahre 2010 auf rund 850 Millionen im Jahre 2030 steigen (UNWTO 2018). Dies entspricht einem 60-prozentigen Anstieg in nur 20 Jahren (Kester 2016; Croce 2018). Die Tourismusindustrie ist einer der weltweit am rasantesten wachsenden Sektoren der Wirtschaft. Sie trägt maßgeblich mittels Beschäftigung, Infrastruktur und Exporterlösen zur ökonomischen und gesellschaftlichen Entwicklung bei (Becker 2013).

Neben den Besuchern aus den klassischen Touristenländern, dem Vereinigten Königreich, Deutschland, den Vereinigten Staaten und Japan werden stark zunehmende Besucherzahlen aus China, Indien und den ölreichen arabischen Ländern erwartet. Aber auch aus den ehemaligen und gegenwärtigen Schwellenländern Südkorea, Vietnam, Russland, Indonesien und Südamerika werden vermehrt kulturell interessierte Touristen kommen; ihr steigender Wohlstand ermöglicht diese Reisen. Ein gutes Bespiel ist die Volksrepublik China: Erst 7 % der Bevölkerung hat einen Pass, gleichwohl sind das fast 100 Millionen Personen, die in die Mittelschicht aufgestiegen sind (Becker 2013).

Im Jahr 2017 sind über 670 Millionen internationale Touristen aus anderen Kontinenten in Europa eingetroffen, das sind 8 % mehr als im Vorjahr (Peeters et al. 2018, S. 19). Einige Städte weisen eine sehr hohe Zahl an Touristen auf, etwa Lissabon mit über 11 Millionen, Stockholm und Dublin mit fast 10 Millionen oder Kopenhagen mit über 8 Millionen (Abb. 1.1).

Die durchschnittliche Dauer eines Aufenthaltes internationaler Reisender hat deutlich abgenommen. In den zwanzig Jahren seit 1995 verkürzte sich der Aufenthalt der Besucher in den meisten Ländern durchschnittlich um rund 15 % (Gössling et al. 2018). Insgesamt nimmt somit die Zahl der Touristen markant zu, aber sie bleiben weniger lang an einem

Abb. 1.1 Touristenmassen in Amsterdam. (Quelle: Dimitri Houtteman, Pixabay)

Ort. Diese empirisch gut gesicherte Veränderung (Peeters et al. 2018, S. 29) bewirkt eine völlig andere Art des Besuchs kultureller Sehenswürdigkeiten als dies der Fall war, als Touristen oft wochenlang an einem Ort verblieben. Heute konzentrieren sich die Besucher auf die wichtigsten Attraktionen. So besuchen manche chinesische Touristen sechs europäische Länder in fünf Tagen, inklusive einem „Power-Shopping" (Kamp 2019). Diese Effekte werden durch die sozialen Medien noch verstärkt, weil sie die „wichtigsten" und „besten" Sehenswürdigkeiten hervorheben und damit eine Konzentration der Besucher auf einige wenige Sehenswürdigkeiten in einem Land weiter fördern (García-Palomares et al. 2015; Ram und Hall 2017).

Seit dem Sommer 2017 wird dieser enorme Anstieg der Touristenzahlen in den Medien als *Übertourismus* (englisch: overtourism) bezeichnet – ein Ausdruck, der einen negativen Klang hat. Es handelt sich um ein erst im letzten Jahrzehnt aufgetretenes Phänomen. Dennoch wurde der Ausdruck rasch von Zeitungen und Zeitschriften verwendet und auch in der wissenschaftlichen Literatur übernommen. Er gehört bereits zum Allgemeingut (Martín-Martín et al. 2018; Koens et al. 2018; Seraphin et al. 2019; Pechlaner et al. 2019; Jacobsen et al. 2019; Hospers 2019).

Eine eindeutige Definition von Übertourismus ist unmöglich, weil viele unterschiedliche Aspekte wichtig und viele verschiedene Gruppen involviert sind (z. B. Weber 2017; Weber et al. 2017). Neben lokalen Touristen gibt es national und international Reisende, deren Ziele Badeferien, Naturerlebnisse, Städte oder auch Kultur sein können. Diese Bedürfnisse lassen sich kaum voneinander trennen, weil sie oft miteinander verbunden werden. Wer für Badeferien an Strände reist, ist durchaus bereit, gegen Abend eine kulturelle Sehenswürdigkeit zu besuchen. Besonders im Falle von Städtebesuchen gehört es zum üblichen Programm, berühmte Museen, wie etwa im Falle von Paris den Louvre oder von Madrid den Prado zu besuchen.

Der Massentourismus lässt sich hinsichtlich des notwendigen Aufwandes ordnen. So erfordert zum Beispiel der Besuch des Machu Picchu in Peru eine eigene Reise. Das Königsschloss in Versailles kann hingegen mit geringem Aufwand an eine Reise nach Paris angehängt werden. Schließlich gibt es innerhalb von Städten viele kulturelle Sehenswürdigkeiten, die als normaler Programmpunkt eines Besuches angesehen werden.

Überbordender Tourismus vermindert sowohl die Wohlfahrt der lokalen Bevölkerung als auch den Nutzen für die Touristen, beansprucht die Infrastruktur zu sehr, schädigt die Umwelt und bedroht das Weltkulturerbe. Übertourismus kann deshalb als eine Situation verstanden werden, in welcher die Auswirkungen des Tourismus zu bestimmten Zeiten und an bestimmten Orten die physischen, ökologischen, gesellschaftlichen, wirtschaftlichen, psychologischen und politischen Möglichkeiten überschreiten (Jin et al. 2016; Peeters et al. 2018, S. 22). Wo diese Charakteristika zutreffen, hat der Tourismus überhandgenommen. Es bleibt jedoch offen, wie überlaufen ein Ort sein muss, bis er als „übertouristisch" bezeichnet werden sollte. Noch vor Kurzem wurde unterschieden zwischen dem Massentourismus, der eine riesige Zahl von Personen umfasst, und dem kulturellen Tourismus mit nur wenigen Personen (Throsby 2001). Heute gilt dieser Unterschied nicht mehr, denn inzwischen betreiben auch enorm viele Menschen Kulturtourismus.

Bis dato finden sich nur wenige ernsthafte Analysen des Übertourismus; hauptsächlich wird einfach auf das Phänomen der oft drastischen Überfüllung von kulturellen Sehenswürdigkeiten durch Touristen hingewiesen. Übertourismus kann als eine Tragödie eines Gemeingutes (tragedy of the commons, vgl. Hardin 1968; Ostrom 1990) aufgefasst werden. Die Touristen verhalten sich als Trittbrettfahrer, weil sie nur einen Teil der Kosten ihres Besuches selbst tragen. Sie berücksichtigen nicht, dass sie anderen Touristen und vor allem auch der lokalen Bevölkerung erhebliche Kosten in Form von überfüllter Infrastruktur, Lärm, Verschmutzung und anderen Unannehmlichkeiten aufbürden. Die Kulturstätten werden deshalb von zu vielen Personen besucht; andere Touristen und die Einheimischen werden hingegen belastet.

Auf einer Weltkarte des „Overtourism", die von der Organization Responsible Travel und Google (2019) betreut wird, finden sich nicht weniger als 98 Destinationen in 63 Ländern, die unter Übertourismus leiden. Die Europäische Union geht sogar von 105 Orten in Europa aus (Kamm-Sager 2019). Diese Diskrepanz zeigt, dass Übertourismus sich wegen seiner vielfältigen Definitionen schwer messen lässt. Verschiedenste Indikatoren werden genutzt, um den Übertourismus zu quantifizieren. Der Index der Tourismusdichte (tourism density) vermittelt einen Eindruck. In Salzburg sind es fast 400, in Kopenhagen sind es 316, in Venedig 158, in Brügge 140 und in Luzern sogar 898 Touristen pro Quadratkilometer und pro Tag (Peeters et al. 2018, S. 86–87). Allerdings hängt dieser Indikator wesentlich davon ab, welche Stadtgröße zugrunde gelegt wird. Deswegen erscheint Venedig weit weniger betroffen als Luzern, obwohl Venedig deutlich stärker unter den Folgen des Übertourismus leidet. Ein weiterer Index misst die Zahl der Besucher pro Einwohner, d. h. die Tourismusintensität. Auch dieser Index ist mit dem Problem konfrontiert, welche Stadtgröße als relevant angesehen wird. Häufig betrifft der Übertourismus nur einen bestimmten Stadtteil, meist die Altstadt.

Der bereits bestehende und zukünftig zu erwartende Massentourismus ist eng mit *Kultur* verbunden (Steinecke 2010; Kaminski et al. 2013; Smith und Richards 2013; Dodds und Butler 2018; Richards 2018; UNESCO 2019; Lindemann 2019). Kulturelle Sehenswürdigkeiten sind ein wesentlicher Grund, andere Länder zu besuchen und ziehen jedes Jahr viele Millionen von Reisenden an. Dieses Interesse äußert sich auch in der zunehmenden Zahl regionaler Musikfestspiele und anderer organisierter kultureller Ereignisse.

Sicherlich gibt es auch Touristen, die sich hauptsächlich auf die Schönheit der natürlichen Umgebung konzentrieren, sowie diejenigen, die sich nach einem Sporturlaub sehnen. In diesen Gebieten gibt es auch Übertourismus, manchmal in extremer Form. Ein Beispiel ist die große Zahl von Personen, die den Mount Everest, den höchsten Gipfel der Welt (8848 Meter), besteigen wollen. Bei geeignetem Wetter müssen die Bergsteiger sogar Schlange stehen, um den Gipfel zu erreichen. Während es in der Zeit von 1950–1954 bestenfalls ein Dutzend gab, waren es in den Jahren 2015–2019 nicht weniger als 5000 Bergsteiger. Sie stören sich gegenseitig so stark, dass in der Frühjahrsklettersaison des Jahres 2019 vier der elf Todesopfer auf dem Mount Everest auf Übertourismus zurückzuführen sind (The Economist 2020a).

Der Besuch von Metropolen wie Paris, London, St. Petersburg, Madrid, Amsterdam, Wien oder Berlin veranlasst die meisten Touristen, in die dortigen weltberühmten Kunstmuseen zu gehen (Frey und Meier 2006). Diese werden von Millionen von Personen besucht. Dies zeigen die in Tab. 1.1 aufgeführten Zahlen für das Jahr 2018.

Tab. 1.1 Zahl der Besucher in berühmten europäischen Kunstmuseen (2018, in Millionen)

Musée du Louvre	Paris	10,2
Vatikanische Museen	Vatikan	6,8
Tate Modern	London	5,9
British Museum	London	5,8
National Gallery	London	5,7
Staatliche Ermitage	St. Petersburg	4,2
Victoria and Albert	London	4,0
Reina Sofía	Madrid	3,9
Prado	Madrid	3,7
Centre Pompidou	Paris	3,6

Quelle: The Art Newspaper (2019), https://www.museus.gov.br/wp-content/uploads/2019/04/The-Art-Newspaper-Ranking-2018.pdf

Viele Touristen begnügen sich nicht mit dem Besuch eines einzigen Kunstmuseums, sondern gehen sogar in zwei oder mehr. In London sind dies vor allem die Tate Modern, das British Museum, die National Gallery und das Victoria and Albert Museum; in Madrid das Museum Reina Sofía und der Prado.

Daneben gibt es viele andere stark besuchte Museen, etwa für Technik oder Verkehr, aber auch ganze Museumskomplexe wie etwa die Museumsinsel in Berlin. Sie besteht aus dem Alten Museum, dem Neuen Museum, der Alten Nationalgalerie, dem Bode-Museum und dem Pergamonmuseum. 1999 wurde die Museumsinsel in die Liste des UNESCO-Weltkulturerbes aufgenommen.

Neben Museen besuchen viele kulturell interessierte Touristen auch Darbietungen klassischer Musik wie etwa in der Scala in Mailand, in der Wiener Staatsoper, im Covent Garden in London oder im Bolschoi-Theater in Moskau. Eine große Attraktion stellen auch Festspiele von Opern oder klassischer Musik dar, wie die Salzburger Festspiele oder die in Bayreuth aufgeführten Opern von Richard Wagner.

Obwohl bisher hauptsächlich vom kulturellen Übertourismus in Europa gesprochen wurde, gibt es selbstverständlich auch bedeutende kulturelle Massenattraktionen auf anderen Kontinenten. So besuchen zum Beispiel in Japan jedes Jahr rund 4,5 Millionen Touristen die frühere Kaiserstadt Kyoto mit ihren vielen Tempeln. Zu nennen sind insbesondere auch die präkolumbianischen Ruinen von Machu Picchu in Peru; die Pyramiden von Chichén Itzá in Mexiko, der Tempel Angkor Wat in Kambodscha; die vielen Kulturstätten in Ägypten, die Große Mauer in China (Abb. 1.2); oder das Mausoleum Taj Mahal in Indien. Diese Sehenswürdigkeiten, die sich auf der Liste des UNESCO-Weltkulturerbes befinden, werden von enorm vielen Menschen besucht. Das Taj Mahal wird an manchen Tagen von bis zu 70.000 Personen besichtigt.

Im Folgenden wird sich die Diskussion vor allem auf den kulturellen Massentourismus in Europa konzentrieren.

Neben großen Städten wie Amsterdam, Barcelona, Berlin oder Prag ist auch in kleineren Städten wie zum Beispiel in Salzburg in Österreich, Granada in Spanien, Straßburg oder Colmar im französischen Elsass, Reykjavik in Island, Luzern in der Schweiz oder Dubrovnik in Kroatien ein kultureller Massentourismus festzustellen (García-Hernández et al. 2017; Hospers 2019). Dubrovnik wurde 2018 von drei Millionen Touristen besucht und 400 Kreuzfahrtschiffe haben dort angelegt. Weltweit haben im Jahre 2018 26 Millionen Personen eine Kreuzfahrt gebucht

Abb. 1.2 Touristen auf der Großen Mauer, China. (Quelle: StockSnap, Pixabay)

und in der Zukunft werden noch mehr erwartet (Senn und Egger 2019). Auch mittelgroße italienische Städte wie Florenz, Siena, Padua, Pisa oder Verona sind heute stark mit Touristen überfüllt. Die Schlösser an der Loire sind ein weiteres Beispiel für ein stark überlaufenes Reiseziel.

Schließlich sind auch kleine Orte vom kulturellen Übertourismus betroffen, wie etwa Stratford-upon-Avon, Cambridge und Oxford in England; Rothenburg ob der Tauber in Deutschland, San Gimignano in Italien; Brügge in Belgien, Český Krumlov in der Tschechischen Republik und Interlaken in der Schweiz; sowie das bereits erwähnte Städtchen Hallstatt in Österreich.

1.2 Weshalb explodiert der kulturelle Übertourismus?

Die rasche Zunahme des kulturellen Massentourismus lässt sich vor allem auf sieben Gründe zurückführen (vgl. auch Dodds und Butler 2018; UNWTO 2018):

1. *Steigende Einkommen in früheren Schwellenländern*
   Die Entwicklung der Weltwirtschaft hat die *verfügbaren Einkommen* von Millionen von Personen so stark erhöht, dass sie sich einen Aufenthalt in Europa leisten können. Besonders markant ist die Zunahme der Einkommen der Mittelschicht in China, die einen Pass beantragen und nach Europa reisen kann und jährlich um 20 bis 30 Millionen wächst (Neuhaus 2019). Eine ähnliche Entwicklung zeichnet sich in Indien ab, wo sich immer mehr Familien aus der Armut befreien und andere Länder und Kontinente besuchen können. In den ölreichen arabischen Ländern verfügen viele Personen über genügend Mittel, um in Europa und anderswo kulturelle Sehenswürdigkeiten zu besuchen. Länder wie Indochina oder südamerikanische Länder stehen unmittelbar vor dieser Entwicklung. Der afrikanische Kontinent befindet sich vorläufig noch nicht in dieser Phase des Wirtschaftswachstums, es wird jedoch erwartet, dass dies zumindest für einige Länder bereits in der nahen Zukunft der Fall sein wird.

2. *Zunehmende Freizeit*
Mit steigendem Einkommen geht die Arbeitszeit allmählich zurück, weil dies einem Bedürfnis der Beschäftigten entspricht. Die *Freizeit* nimmt zu, so dass die Urlauber eher eine Reise zu Kulturstätten im Ausland unternehmen können. In den letzten Jahren sind viele derartige Reisen in Gruppen erfolgt, die teilweise durch die Arbeitgeber organisiert wurden. Es zeichnet sich bereits ab, dass in der Zukunft vermehrt individuelle Kulturreisen unternommen werden. Sprachliche Hindernisse lassen sich heutzutage recht leicht durch Sprachenapps überwinden. So können zum Beispiel deutsch geschriebene Menükarten mithilfe des Handys direkt in die chinesische Sprache übersetzt werden.

3. *Sinkende Reisekosten*
Kulturreisen sind *günstiger* geworden. Internationale Reisen sind leichter verfügbar und die Flugkosten sind stark gefallen, auch bei interkontinentalen Reisen. Gleichzeitig sind die Übernachtungskosten dank der Onlineplattform Airbnb zurückgegangen. Diese unregulierte Art der Übernachtung hat stark zugenommen, auch in Italien. In Florenz wurden im Jahr 2018 21,4 % der Wohnungen im historischen Zentrum auf Airbnb angeboten (Phelan 2018).

4. *Kreuzfahrten als Massentrend*
Immer mehr Menschen buchen Kreuzfahrten, welche die „wichtigsten" Kulturstätten anfahren. So legen etwa in Venedig oder Dubrovnik häufig gleichzeitig drei oder gar vier riesige Kreuzfahrtschiffe an, die dann bis zu je 5000 Passagieren den Besuch dieser Kulturzentren ermöglichen. Im Jahre 2018 haben 1,6 Millionen Passagiere von 466 Kreuzfahrtschiffen Venedig besucht (Association of Mediterranean Cruise Ports 2018). In der Zukunft sind Kreuzfahrtschiffe mit einer Kapazität von bis zu 9500 Personen geplant und sollen die Passagiere zu den kulturellen Sehenswürdigkeiten fahren.

5. *Selfie-Kultur in den sozialen Medien*
Kulturelle Höhepunkte einer Reise nach Europa werden in den sozialen Medien hochgejubelt. Für viele Reisende ist es heute wichtig, den

Freunden und Bekannten anhand von Selfies mitzuteilen, dass sie beispielsweise vor Leonardo da Vincis Mona Lisa stehen (Zeng und Gerritsen 2014; D'Eramo 2017). Viele Touristen wählen Reiseziele, um bestimmte „Signale", wie zum Beispiel die Karlsbrücke in Prag oder das Geburtshaus von Mozart in Salzburg zu sehen. Diese Signale werden ihnen von vielerlei Quellen nahegebracht. Sie wollen dann das gleiche Bild schießen, wie das schon Millionen von anderen Touristen zuvor getan haben. Daraus resultiert eine touristische Version des Matthäus-Effektes: Überlaufene Destinationen werden noch weiter überlaufen (Hospers 2019).

Beim sogenannten „Geotagging" wird der Standort eines Bildes via Smartphone mit den geografischen Koordinaten versehen und automatisch markiert. Gemäß einer Umfrage gaben im Jahre 2017 unter den Millennials 40 % an, dass sie sich bei der Auswahl ihres Reiseziels von Instagram anregen lassen. Mehr als 60 % wollen ihre Reiseerlebnisse in den sozialen Medien teilen. Es gibt bereits eine App, die mit einem Klick die passenden Flüge zu Instagram-Bildern heraussucht. Reiseziele und die entsprechenden Bilder, die auf den sozialen Medien geteilt wurden, werden danach weit häufiger als zuvor besucht. Die Trollzunge (Trolltunga), ein Felsvorsprung im Westen Norwegens, wurde früher von 800 Kennern pro Jahr besucht. Ein Foto auf Instagram, das 15.000 Likes bekam, hat den Ort berühmt gemacht und führte dazu, dass ihn nun 80.000 Personen jährlich besuchen (Pousset 2019).

Dieser Signaleffekt ist für chinesische Touristen besonders wichtig. Eine Reise an ein Traumziel wie etwa Venedig, Florenz oder Rom ist eine wichtige Etappe im Leben. Man besucht die Sehenswürdigkeiten, von denen man schon gehört hat und schickt dann Selfie-Bilder an die Freunde und Bekannten zu Hause. Ein Selfie legt Zeugnis ab. Es zeigt, dass man an einem bestimmten Ort und zu einer bestimmten Zeit an einer Kulturstätte war, womit man Teil einer selbst verfassten Geschichte wird und damit auch eine Art von Unsterblichkeit erlangt (Reinhardt 2019). Die Aufnahme vor einer Sehenswürdigkeit, die man zu Hause kennt, ist wichtiger als diese wirklich zu erkunden und in sie einzutauchen (Neuhaus 2019).

Die herkömmlichen Printmedien beteiligen sich an dieser Propaganda, etwa indem sie regelmäßig Rankings der am häufigsten besuchten Kulturstätten veröffentlichen. Die auf einige wenige prominente Orte konzentrierte Aufmerksamkeit verstärkt deren Bedeutung in der Öffentlichkeit weiter (Goodwin 2017; Koens et al. 2018). Diese Kulturstätten erreichen den Charakter von „Superstars" (Rosen 1981). Das von vielen Orten betriebene Marketing („branding") steigert den Übertourismus noch mehr (Seraphin et al. 2018a, 2019).

6. *Besondere Auszeichnungen steigern die Attraktivität*
Die von der UNESCO zum Schutz der Kulturstätten entwickelte Liste der *Weltkulturstätten* (Frey und Pamini 2009; Goodwin 2017) zieht viele zusätzliche Besucher an. Empirische Studien belegen, dass offiziell deklarierte Weltkulturstätten vermehrt besucht werden (Landorf 2009; Su und Lin 2014; UNESCO 2019). Neben vielen positiven Auswirkungen der Aufnahme einer Kulturstätte in die UNESCO-Liste gibt es auch einige negative Effekte (Frey und Steiner 2011; Martinez 2019; Vecco und Caus 2019). Weil eine Kulturstätte auf der Liste steht, gewinnt sie stark an Prominenz und wird gerade deshalb zu einem lohnenden Ziel der Gegner in einem kriegerischen Konflikt. Kulturgüter und symbolreiche Stätten werden zu Zielen der Kriegsführung. Terroristen und Söldner zerstören bewusst archäologische Stätten, weltliche Denkmäler, Sakralbauten und plündern Museen, Archive und Bibliotheken.

Ein schwerwiegender Fall ereignete sich im Ersten Weltkrieg. Die im 14. Jahrhundert fertiggestellte Kathedrale von Reims (in der französischen Region Champagne) gilt als eine der architektonisch bedeutendsten gotischen Kirchen. Dennoch wurde sie von der deutschen Artillerie zwischen 1914 und 1918 wiederholt beschossen. Die Kathedrale hatte (und hat) für die Franzosen einen hohen Symbolwert, weil deren Könige dort zwischen dem 12. und 19. Jahrhundert gekrönt wurden. Der Beschuss zerstörte den hölzernen Dachstuhl und die mittelalterlichen Glasfenster völlig und zog auch die Fassade in Mitleidenschaft. Der kunsthistorische Wert der Notre Dame de Reims war den deutschen Befehlshabern sicherlich bewusst; sie wurde aber möglicherweise gerade deshalb angegriffen, weil sie für die Franzosen so viel bedeutete. In der Zwischenkriegszeit wurde die Kathedrale wieder aufgebaut und ist 1991 in die Liste des Weltkulturerbes der

UNESCO aufgenommen worden. Sie wird pro Jahr von über einer Million Personen besucht.

Zerstörungen wertvoller Kunstgüter geschehen selbst bei lokal begrenzten Kriegen. So wurde die aus dem 16. Jahrhundert stammende Alte Brücke in Mostar (in Bosnien-Herzegowina) während des Balkankrieges im Jahre 1993 völlig zerstört. Sie galt als Meisterwerk der damaligen Baukunst. Die Brücke hat einen hohen Symbolwert, da sie Christen und Muslime, orthodoxe Serben und katholische Kroaten sowie allgemein West und Ost verbindet. Die Zerstörung geht (vermutlich) auf den kroatischen Verteidigungsrat zurück, deren Vertreter vom Internationalen Gerichtshof in Den Haag (auch wegen anderer Kriegsverbrechen) zu langen Haftstrafen verurteilt wurden. Die Brücke wurde 1995 bis 2004 neu aufgebaut und 2005 wieder in die Liste des Weltkulturerbes der UNESCO aufgenommen. Auch dafür spielt der Symbolwert eine erhebliche Rolle.

Die serbisch-montenegrinische Armee hat im Kroatienkrieg (1991–1995) das kroatische Dubrovnik – früher eine Stadtrepublik namens Ragusa – belagert und massiv mit Artillerie beschossen. Dies geschah nicht zuletzt, weil diese adriatische Stadt auf der Liste der Weltkulturstätten der UNESCO aufgeführt ist. Dabei sind über 100 Zivilisten gestorben. Die Schäden an den Gebäuden sind inzwischen beseitigt und Dubrovnik ist wieder eine der am meisten besuchten Kulturstädte Europas.

Im Jahre 2001 haben Krieger der afghanischen Taliban die in den Jahren 510 bis 550 aus rotem Sandstein geschaffenen Buddha-Statuen von Bamiyan total gesprengt. Auch sie waren auf der Liste des Weltkulturerbes aufgeführt.

Terroristische Kämpfer des sog. „Islamischen Staates" haben die großartigen archäologischen Stätten Timbuktu, Mossul, Ninive und Palmyra weitgehend zerstört (Clemente-Ruiz und Aloudat 2019), gerade weil sie zur Liste der UNESCO gehören und deren Beseitigung große mediale Aufmerksamkeit sichert.

7. *Popularität durch Film und Medien*
Kulturstätten werden durch berühmte Filme, Fernsehserien und Videos weltweit bekannt und deshalb als Reiseziele gewählt. Die kroa-

tische Stadt Dubrovnik wurde zu einem besonders häufig besuchten Ort, weil dort einige Szenen der Fantasy-Serie „Game of Thrones" gedreht wurden (Connolly 2019). Die Stadt wird inzwischen von so vielen Besuchern überrannt, dass die Stadtverwaltung deren Zahl auf 40.000 pro Tag beschränken möchte. Das kleine österreichische Städtchen Hallstatt ist durch den Disney-Film „Die Eisprinzessin" berühmt geworden und wird deshalb von einer großen Zahl von Touristen aufgesucht.

Die aufgeführten Gründe für die rasante Entwicklung des kulturellen Massentourismus hängen jedoch von verschiedenen – selten erwähnten – Annahmen ab. Vorausgesetzt wird ein weiterer Anstieg des Welteinkommens. Internationale Handelskriege können diese Entwicklung hemmen oder sogar umkehren. Die Flugpreise können in Zukunft durchaus wieder steigen, weil die Billiganbieter aus dem Markt gedrängt werden und weil die Anstrengungen zur Klimarettung zusätzliche Steuern erfordern werden. Möglicherweise vermindert auch die sog. „Flugscham" den internationalen Tourismus, was allerdings umstritten ist. Der Erfolg des kulturellen Massentourismus begünstigt es auch, Alternativen anzubieten. Dies ist in der Volksrepublik China bereits der Fall. So finden sich dort Eiffeltürme in unterschiedlichen Größen sowie die Akropolis, das Heidelberger Schloss und andere kulturelle Sehenswürdigkeiten in verschiedenen Größen. Im Freizeitpark „Window of the World" in Shenzen werden über 130 Reproduktionen der weltweit am meisten besuchten Touristenattraktionen gezeigt. Dieses lokale Angebot auch von europäischen Kulturstätten könnte einige Chinesen davon abhalten, eine Reise nach Europa zu unternehmen, um das Original zu sehen.

Schließlich wird sich die erwartete starke Zunahme des kulturellen Massentourismus nicht einstellen, wenn in der Zukunft größere Kriege ausbrechen. Leider kann dies nicht ausgeschlossen werden, man denke nur an die Konflikte der beiden Atommächte Indien und Pakistan, der arabischen Staaten mit Israel und den Vereinigten Staaten oder an die Konflikte Chinas und Nordkoreas mit westlich orientierten Staaten im Pazifik. Brechen solche Kriege aus, verändert sich die Lage grundlegend, denn dann werden internationale Reisen erschwert und Kulturstätten beschädigt oder zerstört.

Der kulturelle Übertourismus kann auch durch den Ausbruch von Pandemien beeinträchtigt werden. Im Frühjahr 2020 hat das Coronavirus zu starken Einschränkungen im nationalen und internationalen Tourismus geführt. Regierungen haben empfohlen, auf jegliche Reisen zu verzichten. So hat die chinesische Regierung Gruppenreisen nach Europa und in andere Kontinente vollständig verboten. Reisen innerhalb Chinas, aber auch innerhalb vieler anderer Länder, sind stark eingeschränkt worden. Nachdem die Pandemie sich weltweit ausgebreitet hat, haben verschiedenste Länder ihre Grenzen für den Personenverkehr weitgehend geschlossen. Dies spiegelt sich auch im Flugverkehr wider. Vom 2. Januar bis 30. März 2020 ist der Luftverkehr im Flughafen Zürich um mehr als 90 % gesunken (Flughafen Zürich 2020). Es ist offen, ob die Personen, denen eine Reise zu kulturellen Destinationen infolge einer Pandemie verwehrt wird, diese nur aufschieben und später nachholen, oder ob sie ganz darauf verzichten. Allerdings rücken immer weitere Kreise der Bevölkerung in China und anderen Ländern in die Mittelklasse auf, die sich Kulturreisen leisten können. In diesem Falle wird sich der internationale Tourismus nach einiger Zeit erholen und es werden erneut die Probleme des Übertourismus auftreten.

Bekanntlich sind Prognosen schwierig, weil sie die Zukunft betreffen. Niemand kann voraussagen, was in den kommenden Jahren und Jahrzehnten geschehen wird. Die im Frühjahr 2020 erfolgte Stilllegung der wirtschaftlichen Aktivität und damit die Blockierung internationaler Reisen gibt uns Gelegenheit, in Ruhe über die Vorteile und Nachteile des überbordenden Besuches von Kulturstätten nachzudenken. In jedem Fall sollten wir uns mit einem in der Zukunft möglichen, und wohl auch wahrscheinlichen, stark zunehmenden kulturellen Massentourismus auseinandersetzen.

1.3 Was bewirkt der kulturelle Massentourismus?

In vielen Ländern ist der Tourismus ein bedeutender Sektor der Gesamtwirtschaft. Man denke nur an Italien, Frankreich, Spanien, Österreich oder an die Schweiz. Viele Personen profitieren von den dadurch geschaffenen Arbeitsplätzen und den damit erzielten Einkommen (z. B. Belisle und Hoy 1980; Tosun 2002). Hotels, Restaurants und Souvenirläden ziehen davon direkten Nutzen. In den letzten Jahren gilt dies auch für Einheimische, die eine Wohnung in den touristischen Zentren haben. Sie können diesen Wohnraum kurzfristig vermieten (oft über Airbnb) und erzielen damit weit höhere Einkommen als ihre Miete beträgt. Es lohnt sich deshalb für viele von ihnen, in einen Vorort mit billigeren Mieten zu ziehen. Massentourismus fördert die Wirtschaft auch indirekt, etwa im Bau- oder Taxigewerbe. Alte Industriestädte, wie etwa Bilbao mit seinem architektonisch spektakulären Museum, sind dadurch zu neuem Leben erweckt worden. Schließlich werden Investitionen in die Infrastruktur, insbesondere den Verkehr, durch den Massentourismus angeregt.

Diese positiven Wirkungen des Tourismus auf die wirtschaftliche Tätigkeit waren über eine lange Zeitdauer unbestritten, sie entsprechen der traditionellen Sicht des Tourismus. Der Massentourismus ist heute für die Wirtschaft und Gesellschaft von großer Bedeutung. Es handelt sich um einen der wichtigsten Bereiche, von dem eine riesige Anzahl von Personen direkt und indirekt abhängen. Wird er bekämpft und eingeschränkt, werden viele Teile der Wirtschaft und Gesellschaft negativ betroffen.

In den letzten Jahren ist jedoch zunehmend bezweifelt worden, ob der entstandene Massentourismus wirtschaftlich und gesellschaftlich zu begrüßen sei (Martín-Martín et al. 2018). So ist ungeklärt, ob die lokale Bevölkerung wirtschaftlich tatsächlich stark von den Touristenströmen profitiert. Ein unerwünschter Nebeneffekt sind die oft rapide steigenden Immobilienpreise und damit einhergehend anziehende Mieten infolge der erhöhten Nachfrage durch Touristen (Lundberg 1990; Weaver und Lawton 2001; Barron et al. 2018). Die lokale Bevölkerung kann es sich kaum mehr leisten, an ihrem angestammten Ort wohnen zu bleiben. Auch die allgemeinen Lebenskosten steigen, weil viele traditionelle Läden wegen der hohen Mietpreise verschwinden. Das gleiche gilt für Kneipen und Bars, die nur noch Angebote für Touristen machen und weit höhere Preise als zuvor verlangen. Viele Einwohner sind gezwungen, in die Umgebung der Touristenorte auszuweichen.

Einigen gelingt es zwar, ihre Häuser und Wohnungen als Airbnb-Angebot zu bewirtschaften, was ihnen höhere Einnahmen verschafft, als wenn sie selbst dort wohnen würden. Diese Auswirkung zeigt sich zum Beispiel überaus deutlich für Venedig. Dies führt jedoch dazu, dass viele

Einwohner das historische Stadtzentrum verlassen; in Venedig wohnen nur noch etwas über 50.000 Personen, während es im 13. bis 17. Jahrhundert bis zu 200.000 waren.

Im Gegensatz zur Vermietung einzelner Gästezimmer ist die Vermietung ganzer Wohnungen auf Airbnb merklich angestiegen. Das spricht für eine kommerziellere Nutzung dieser Aktivität. Außerdem ist die Anzahl einzelner Vermieter, die mehrere Airbnb-Wohnungen anbieten, deutlich gewachsen. Die Einnahmen aus der Vermietung sind deshalb deutlich ungleicher verteilt. Dafür spricht auch der Gini-Koeffizient der Airbnb-Einnahmen in Venedig (Abb. 1.3). Dieser Koeffizient ist 0, wenn die Einnahmen gleichverteilt sind, und 100, wenn sie extrem ungleich sind. Im Vergleich zum Durchschnitt in Italien von 36, beträgt der Koeffizient in Venedig 60 und ist damit wesentlich ungleicher verteilt. Dies unterstreicht die Vermutung, dass einige wenige von dieser Plattform unverhältnismäßig stark profitieren (Picascia et al. 2017).

Das gleiche gilt auch für das Zentrum von Florenz, wo beinahe 20 % der Wohnungen bei Airbnb gelistet sind. Auf jeden Fall verlieren die bis-

Abb. 1.3 Venedig. (Quelle: Artheos, Pixabay)

herigen Einwohner ihre „Heimat" (Sans und Quaglieri 2016). In den Stadtzentren gibt es kaum mehr anderes als Souvenirläden und in den teuer gewordenen Restaurants und Bars finden sich fast nur Touristen (was für Berlin etwa Bellon 2018 nachweist und für Florenz und Venedig Thani und Heenan 2017).

Für die lokalen Einwohner ist es schwierig, zum Teil sogar unmöglich, ihre eigenen Kunststätten unter vernünftigen Bedingungen zu besuchen. So müssen sich zum Beispiel die Einwohner Roms wie normale Touristen an den langen Warteschlangen vor dem Petersdom anstellen. Das gleiche gilt für den Besuch der Vatikanischen Museen (Abb. 1.4).

Abb. 1.4 Warteschlangen vor den Vatikanischen Museen in Rom. (Quelle: Bruno S. Frey)

Falls ein Eintritt in ein Museum vorher per Mail reserviert werden muss, sind es oft professionelle, für Touristen arbeitende Firmen, die sich die Eintrittskarten sichern.

Auch die Einkommens- und Vermögensverteilung kann durch die Touristenmassen negativ beeinflusst werden. Die vom Tourismus profitierenden Individuen und Firmen sind häufig außerhalb der Kulturstätten angesiedelt, oft sogar in einem anderen Land. Gleiches gilt für die zusätzlich geschaffenen Arbeitsstellen, die oft durch Personen besetzt werden, die von außerhalb kommen und zu einem niedrigeren Lohn angestellt werden als ihn die lokalen Einwohner verlangen.

Neben diesen für die Einwohner ungünstigen kommerziellen Auswirkungen sind es vor allem die *negativen externen Effekte*, die der kulturelle Übertourismus mit sich bringt. Diese Auswirkungen spiegeln sich nicht in den durch die Besucher zu bezahlenden Kosten oder Preisen wider (z. B. Richardson 2017; Singh 2018). Zu nennen sind vor allem:

1. Mit dem Übertourismus gehen just die *Atmosphäre* und die *Authentizität* verloren, welche die meisten Touristen suchen und mit einem kulturellen Ort in Verbindung bringen. Es wird genau das beeinträchtigt, was die Touristen suchen. In einer Befragung im März 2019 bekundeten 95 % der Touristen, dass für sie eine „authentische Atmosphäre" besonders wichtig ist; Sehenswürdigkeiten und Museen sind mit 91 % bereits weniger bedeutsam (IUHB 2019).

   Auf den Straßen begegnen die Touristen nur noch anderen Touristen. Gemäß D'Eramo (2018) gilt: „Ein Reisender ist nur ein Tourist, der abstreitet, einer zu sein." Diese Auswirkung ist etwa für Venedig oder kleinere Orte wie Hallstatt offensichtlich (Abb. 1.5). Die einzelnen Anbieter von Leistungen für Touristen berücksichtigen solche negativen externen Effekte nicht.

   Diese schädlichen Auswirkungen stellen ein öffentliches Übel dar, weil sie nur durch einen kollektiven Beschluss vermieden werden können. Entschließt sich ein einzelner Anbieter – etwa ein Laden- oder Restaurantbesitzer –, weniger auf die Bedürfnisse der Touristen einzugehen und stattdessen ein Angebot für die lokalen Einwohner zu bieten, verliert er im Vergleich zu seinen Konkurrenten an Umsatz und Gewinn. Nur wenn sich alle Anbieter von Leistungen für die Touristen

1 Überbordender Kulturtourismus 21

Abb. 1.5 Überbeanspruchte Kanäle in Venedig. (Quelle: Kirk Fisher, Pixabay)

einig sind, ihre Angebote so zu beschränken, dass die Besucherzahl übersehbar und die lokale Atmosphäre erhalten bleibt, kann dieses Problem überwunden werden. Wie die Erfahrung zeigt, ist ein solches Abkommen schwer zu erreichen, weil es dem Gewinnstreben der einzelnen Anbieter widerspricht und immer wieder Mittel und Wege gesucht und gefunden werden, die Bestimmungen zu unterlaufen.
2. Die lokale Bevölkerung büßt ihre *Identität* ein, weil sie infolge der riesigen Touristenströme keine Gemeinschaft mehr bilden kann. Die Orte, an denen sich die Einheimischen früher trafen, zum Beispiel

populäre Bars und Gaststätten oder auch Sitzbänke auf zentralen Plätzen, werden durch Touristen besetzt, so dass Gespräche und ein Austausch von Gedanken unter der lokalen Bevölkerung stark beeinträchtigt werden. Es kann sogar eine Feindschaft zwischen Einheimischen und Touristen entstehen. Das Gefühl „Heimat" geht verloren. Damit verschwinden kulturelle Traditionen, sofern sie nicht für den Tourismus nützlich gemacht werden können.

3. Die riesige Zahl von Touristen führt zu einer *Überbeanspruchung* und sogar Zerstörung von Kulturstätten (Lindemann 2019). Im Falle von Angkor Wat und des Machu Picchu wurden die historischen Pfade so sehr in Anspruch genommen und abgenutzt, dass Holzbalken eingelegt werden mussten (Larson und Poudyal 2012; OECD/ICOM 2019). Damit verändern sich die Kunstwerke. Aus diesem Grund hat die UNESCO den Machu Picchu in die Liste der am schnellsten zerstörten Stätten des Weltkulturerbes aufgenommen (Hawkins et al. 2009). Bis vor Kurzem besuchten täglich rund 6000 Personen die Ruinenstadt. Ab Juni 2019 dürfen Touristen diese Kulturstätte lediglich für vier Stunden besuchen (Kamm-Sager 2019). Ein weiteres gut belegtes Beispiel für eine Übernutzung ist die Westminster Abbey in London. Die riesige Zahl der Besucher beansprucht den Marmorboden so sehr, dass er stark abgenutzt wird (Fawcett 1998).

4. Die ökologischen und gesundheitlichen Kosten in Form von *Emissionen, Verschmutzung* und *Abfall* steigen deutlich. Auch der *Lärm* nimmt stark zu, so dass die lokalen Einwohner – aber auch die anderen Touristen – belästigt werden. An sich wäre zu erwarten, dass die Luft der Inselstadt Venedig besonders gut und frisch ist. Infolge vor allem der Emissionen der Kreuzfahrtschiffe, deren Motoren auch laufen, wenn sie im Hafen vor Anker liegen, ist die Luftqualität in der Stadt jedoch sehr schlecht (Abbasov 2019). Die Abgase beschädigen auch die Bauwerke, insbesondere die Fassaden. Darüber hinaus ist Venedig die Stadt mit der höchsten Lungenkrebsrate in Italien. Der erzeugte Feinstaub belastet die Gesundheit, indem er Atemwegs- und Herz-Kreislauf-Erkrankungen fördert. Auch die Sterblichkeitsrate ist gestiegen. Zudem erzeugen Kreuzfahrtschiffe über Radaranlagen Elektrosmog. Auch diese sind, wie Studien zeigen, gesundheitsgefährdend, da sie Krebs verursachen können (Reski 2013).

5. Infolge der großen Zahl an Touristen steigt die *Kriminalität* und das *ungebührliche Verhalten*, etwa indem Touristen in unmittelbarer Nähe von bedeutenden Kulturdenkmälern auf den Boden sitzen, dort ihr Essen verzehren und Abfälle zurücklassen. Die Kunstwerke selbst sind zunehmend von Vandalismus bedroht (Seraphin et al. 2018b). Die Kulturstätten werden auch durch Unfälle in ihrem Bestand gefährdet. In Venedig hat im Jahre 2019 ein großes Kreuzfahrtschiff beinahe einen erheblichen Unfall verursacht (Giuffrida 2019).
6. Der *Verkehr* wird infolge der Parkplatzsuche und der schieren Masse von Autos verstopft, was die einheimische Bevölkerung stark belastet (Backman und Backman 1997). Dies ist besonders dann hinderlich, wenn sie für ihre berufliche Tätigkeit auf ein Auto angewiesen ist. Generell wird die Infrastruktur, die sowohl für die Einwohner als auch für Touristen wichtig ist, überlastet.

Aus dieser Aufzählung wird deutlich: Die negativen externen Effekte des Übertourismus sind vielfältig und hoch. Ein staatlicher Eingriff muss deshalb erwogen werden, aber es sind auch Lösungen auf nichtstaatlicher Ebene möglich. In unserem Buch wird die Überwindung des Übertourismus mittels einer Zusammenarbeit von privaten Unternehmern und staatlichen Stellen vorgeschlagen.

Dazu mehr im Kap. 3 dieses Buches. Zunächst möchte ich noch kurz einen Blick auf die Reaktionen seitens der Bewohner und Betroffenen auf den Übertourismus werfen.

2
Reaktionen auf den kulturellen Übertourismus

2.1 Es wird protestiert

Die Beeinträchtigung der Kunststätten durch den kulturellen Übertourismus hat zu antitouristischen Bewegungen und zu sozialen Unruhen geführt (z. B. Seraphin et al. 2018b; Clancy 2019), besonders ausgeprägt in Spanien, Frankreich und Italien. Sie sind in den klassischen und sozialen Medien (Zeng und Gerritsen 2014) ausführlich unter dem Stichwort „Touristifikation" oder „Touristophobia" diskutiert worden (Milano 2017, 2018; Milano et al. 2018; Peeters et al. 2018, S. 29–30; Hughes 2018; Zerva et al. 2019).

In Barcelona ist der Widerstand gegen die Überflutung der Stadt durch Touristen, insbesondere auf der Rambla, besonders stark. Um die politische Wirkung zu verstärken, sind verschiedene Organisationen gegründet worden, wie etwa die „Assembly of Neighbourhoods for Sustainable Tourism" oder das „Network of Southern European Cities against Touristification" (Milano et al. 2019a, b).

In Lissabon hat eine soziale Bewegung mit dem Namen „Morar em Lisboa" einen offenen Brief veröffentlicht, in dem die zu starke Abhän-

Abb. 2.1 Kreuzfahrtschiff im Giudecca-Kanal. (Quelle: Bruno S. Frey)

gigkeit der städtischen Wirtschaft vom Tourismus und die Spekulation mit Wohnhäusern angeprangert wird.

In Venedig protestieren manche Bewohner der Stadt regelmäßig gegen die Durchfahrt der riesigen Kreuzfahrtschiffe durch den Giudecca-Kanal (Abb. 2.1) (Vianello 2016).

Dieser Widerstand wird durch die Organisation „No Grande Navi" unterstützt. Sie hat eine (nicht bindende) Volksabstimmung durchgeführt, an der sich fast 18.000 Einwohner beteiligten. 99 % stimmten dagegen, dass die Kreuzfahrtschiffe durch den Giudecca-Kanal fahren dürfen. Diese Schiffe überragen die höchsten Gebäude der Stadt bei Weitem und sehen wie Ungetüme aus. Die Schönheit des Stadtbildes wird dadurch empfindlich gestört. Überdies ziehen sie wegen des starken Wasserdrucks die auf Pfählen gebaute Stadt in Mitleidenschaft und verpesten die Luft. Es besteht außerdem die Gefahr von Unfällen, die erheblichen Schaden anrichten können. Einwohner haben auch eine in den Medien viel beachtete Prozession von der Rialtobrücke bis zum Rathaus durchgeführt, die sie „Venexodus" nannten (Armellini 2016).

2 Reaktionen auf den kulturellen Übertourismus

Haben diese Proteste wirklich eine Chance?
Proteste wirken nur unter bestimmten Bedingungen und auch dann nur nach einer beträchtlichen Zeit. Um erfolgreich zu sein, müssen Proteste entweder einen großen Teil der Bevölkerung mobilisieren oder wirtschaftliche bzw. gesellschaftliche Abläufe empfindlich stören. In diesen Fällen fühlen sich Politiker und Mitglieder der staatlichen Verwaltung genötigt, etwas zu unternehmen. Entscheidend ist jedoch, welchen Gegendruck die Profiteure des Übertourismus politisch ausüben können. Die verschiedenen Gruppen – etwa Hotel- und Restaurantbesitzer, das Transportgewerbe, Ladenbesitzer – sind häufig gut organisiert und haben deshalb meist mehr Einfluss als die weniger gut oder gar nicht organisierten Gruppen, die durch den Übertourismus geschädigt werden. Letztere agieren meist auf der lokalen Ebene und können deshalb in zentralstaatlich organisierten Ländern wenig ausrichten. Dies gilt etwa für Venedig. Wegen der Proteste der lokalen Bevölkerung hätte das Bürgermeisteramt wohl schon längst den riesigen Kreuzfahrtschiffen die Durchfahrt durch den Giudecca-Kanal verboten. Die Verantwortlichkeit für diesen Schritt liegt jedoch bei der römischen Zentralregierung, die für die Interessen der gut organisierten Kreuzfahrtlobby offen ist. Ein Grund warum sich diese durchsetzen können, ist die Verteilung der Einnahmen. Nur 25 bis 50 Prozent der Einnahmen verbleiben in der Region, der große Rest geht an die Zentralregierung in Rom und an die internationale Kreuzfahrtgesellschaften (Brida und Zapata 2010).

In Barcelona, das ebenfalls stark vom Übertourismus betroffen ist, wurden allerdings kleine Erfolge von Seiten der Demonstranten erzielt. 2015 wurde Ada Colau, eine tourismuskritische Bürgermeisterin, gewählt und geht seitdem unter anderem gegen Airbnb-Werbung für unlizenzierte Wohnungen vor. Andere Forderungen der Demonstranten wie das Verbot von Hotelneubauten im Zentrum oder ein Moratorium für neue Touristenappartements wurden im Laufe der letzten Jahre durchgesetzt (Hughes 2018).

2.2 Ausweichen auf bisher wenig besuchte Kulturstätten

Touristen können kulturelle Sehenswürdigkeiten aufsuchen, die bisher noch nicht überfüllt sind. Eine solche Umorientierung ist möglich, wenn genügend Informationen über „vergessene" Orte zur Verfügung stehen und diese mit vernünftigem Aufwand besucht werden können. Beides ist selten der Fall. Die Orte sind nicht zuletzt deshalb wenig besucht, weil sie schwer zu erreichen sind. An bisher kaum besichtigten Kulturstätten gibt es oft wenig touristische Infrastruktur wie Gasthöfe und Hotels. Zuweilen sind die kulturellen Sehenswürdigkeiten zum Teil nicht zugänglich, sondern abgesperrt, um Vandalismus zu verhindern. Der Besuch bisher wenig frequentierter Kulturstätten erfordert daher einen höheren Aufwand an Informationssuche, Transportkosten und Zeit, wodurch Besucher abgehalten werden und sich doch wieder auf die bisherigen überlaufenen Standard-Kulturstätten konzentrieren.

Die Verbesserung der Infrastruktur bisher vernachlässigter Kulturstätten ist sicherlich eine Möglichkeit, die Masse der Touristen besser zu verteilen. Allerdings darf man von dieser Maßnahme nicht zu viel erwarten. Insbesondere wird dadurch der kulturelle Übertourismus nur vorübergehend abgeschwächt, weil die zukünftig zu erwartende riesige Zahl an Touristen manche dieser Orte erneut überfüllt. Da die sozialen und klassischen Medien regelmäßig einzelne Orte als besonders empfehlenswertes Ziel emporjubeln, ist auch dadurch mit einer hohen Besucherkonzentration zu rechnen, was wiederum starke negative Überfüllungserscheinungen bewirkt. Ein Beispiel unter vielen ist das Berggasthaus Aescher im Alpstein des schweizerischen Kantons Appenzell. Es kam unter dem Titel „Places of a Lifetime" auf ein Titelfoto der Zeitschrift National Geographic. Als Folge davon strömte eine solche Masse an Touristen an diesen Ort, dass das langjährige Pächterpaar überfordert war und kündigte (Kamm-Sager 2019).

2.3 Der Staat greift ein

Zentralstaatliche, regionale und örtliche Regierungen bemühen sich, dem Übertourismus Herr zu werden und ihn in geregelte Bahnen zu lenken. Die am häufigsten verwendeten Maßnahmen sind bürokratische Vorschriften; der Versuch, die Massen von Touristen zeitlich und örtlich besser zu verteilen; die Kapazität der Reiseziele auszuweiten; sowie die Kosten für den Besuch zu erhöhen (Peeters et al. 2018, S. 102). Daneben werden auch andere Interventionen erwogen und teilweise eingeführt (McKinsey & Co and World Travel & Tourism Council 2017; OECD/ICOM 2019).

1. *Mittels Information und Appellen steuern*
   Den Touristen kann nahegelegt werden, die kulturellen Sehenswürdigkeiten zu Zeiten zu besuchen, an denen diese weniger überfüllt sind. Man kann die Reisenden darauf hinweisen, wie überlaufen bestimmte kulturelle Sehenswürdigkeiten sind und hervorheben, wie lange die Wartezeiten am Eingang sind. Diese Information und Ratschläge können sich auf die Jahreszeit, den Wochentag oder die Tageszeit beziehen. Wichtige Ansprechpartner für Appelle dieser Art sind nicht nur einzelne Touristen, sondern vor allem auch Reiseorganisationen.
   Die Stadt Venedig hat eine Sensibilisierungskampagne mit dem Titel *#EnjoyRespectVenezia* ins Leben gerufen, um die negativen Effekte der Touristenmassen zu vermindern. Zwölf Punkte sollen aufklären, welche Verhaltensweisen empfohlen sind und beinhalten unter anderem auch einen Hinweis, weniger bekannte Orte zu erkunden oder Venedig zu einer weniger belebten Zeit zu besuchen (Città di Venezia 2019). Diese Kampagne wurde schon vor einigen Jahren (2017) gestartet, konnte dem ansteigenden Trend aber nicht viel entgegensetzen. Im Rahmen der gleichen Kampagne wird online eine Hochrechnung der für Venedig erwarteten Besucherzahl bereitgestellt und mit einem klassischen Farbensystem (Grün, Orange, Rot) veranschaulicht (Città di Venezia 2020).

Ob derartige Hinweise wirken, ist fraglich. Die Besucherströme dürften sich nur wenig an die veränderten Besuchszeiten anpassen. Wenn Kunstliebhaber eine oder mehrere Stunden vor einem berühmten Museum anstehen müssen, um eingelassen zu werden, bemühen sich sowohl einzelne Besucher als auch Besuchergruppen, diese ungemütliche Zeit zu vermeiden. Dabei könnte allerdings ein skurriler Effekt auftreten. Wenn allzu viele potenzielle Touristen eine andere Besuchszeit wählen, wird das Ziel auch zu diesem neuen Zeitraum überfüllt sein und die Wartezeit wird nur wenig oder gar nicht vermindert. Die geringere Überfüllung zu den bisherigen Zeiten senkt die impliziten Besuchskosten und wird zusätzlich Touristen anziehen.

Appelle haben ganz allgemein recht wenig Einfluss auf das menschliche Verhalten. Sie sind unverbindlich; wer sich nicht daran orientiert, hat wenig oder keine Nachteile. Deshalb sind staatliche Maßnahmen, welche unerwünschtes Verhalten mit den der Gesellschaft auferlegten Kosten belasten, wesentlich wirksamer.

2. *Marketinganstrengungen verstärken*
Mit verschiedenen Maßnahmen kann versucht werden, die Verteilung der Touristen über das Jahr zu beeinflussen und damit die Saison zu verlängern, wobei allerdings die Wetterverhältnisse eine Rolle spielen. Eine weitere Möglichkeit könnte darin bestehen, die Touristen breiter über ein Stadtgebiet zu verteilen. In Berlin etwa sollen die Besucher von den überfüllten Sehenswürdigkeiten wie dem Brandenburger Tor und dem Pergamonmuseum auf Köpenick, Reinickendorf oder Spandau umgelenkt werden. Amsterdam vermarktet ein außerhalb der Stadt befindliches Schloss mit dem Namen „Amsterdam Castle". Nahe gelegene Strände werden als „Amsterdam Beach" bezeichnet. Mit diesen Maßnahmen soll der Druck auf die von Touristen überfüllte Innenstadt vermindert werden. Ob dies gelingt, ist allerdings zweifelhaft.

Der Zutritt zu einer Kulturstätte kann besser geordnet werden, indem beispielsweise eine vorherige Anmeldung über das Internet verlangt wird. Diese Maßnahme wird bereits von vielen Museen angewendet. Allerdings werden dadurch private Besucher benachteiligt, weil kommerzielle Reiseanbieter bessere Möglichkeiten haben, für ihre Kunden Eintritte zu besorgen. Außerdem wird durch diese Maßnahme die Gesamtzahl der Besucher nur wenig beeinflusst. Sie bewirkt auch, dass diejenigen, die sich nicht vorher angemeldet haben, wegen der längeren Warteschlangen unzufrieden werden, was dem Ort einen schlechten Ruf einträgt.

Werbemaßnahmen für den Besuch überfüllter Kulturstätten können eingeschränkt werden. Mit Hinweisen auf andere Ziele, deren Besuch sich lohnt, können Kulturtouristen veranlasst werden, andere Gebiete zu erkunden. Allerdings ist ein derartiges Informationsangebot nur wirksam, wenn die entsprechenden Stätten mit wenig zusätzlichem Aufwand zu erreichen sind und einen ähnlich hohen Genuss versprechen. Steigt allerdings die Zahl der kulturell orientierten Touristen weiter so stark an wie in der Vergangenheit, werden diese neuen Ziele bald ebenso überfüllt sein wie die üblichen, bekannten Destinationen.

3. *Den Besuch zeitlich und örtlich einschränken*

An vielen, vom kulturellen Übertourismus betroffenen Orten wird der Besuch in vielerlei Hinsicht durch den Staat reglementiert (Martín-Martín et al. 2019). Manche Sehenswürdigkeiten können nur zu einer genau vorgeschriebenen und streng begrenzten Zeit besucht werden. So wird der Zutritt zur peruanischen Ruinenstadt Machu Picchu auf vier Stunden beschränkt.

Einige Orte werden für Touristen sogar vollständig geschlossen, wie die Höhlen von Lascaux und Altamira mit ihren eindrucksvollen prähistorischen Gemälden – stattdessen wurden neue Höhlen erstellt und die Bilder originalgetreu repliziert.

Neben derartigen formellen bürokratischen oder pragmatischen Eingriffen werden Kulturtouristen an Ort und Stelle beinahe wie eine Viehherde gelenkt. Die Vatikanischen Museen werden an manchen Tagen von 30.000 Touristen besucht. Die allermeisten wollen die Cappella Sistina mit den berühmten Deckengemälden von Michelangelo sehen. Die Besucher werden wie ein Rudel durch die Museen getrieben. So bleibt ihnen auch verwehrt, die wundervollen Bilder in den Stanzen (u. a. von Raffael) zu betrachten. Vor der Sistina ist wiederum eine Warteschlange. Einmal in der Kapelle angelangt, wird man von Aufsehern mit harschen Worten und Gesten weitergetrieben. Das gleiche gilt etwa im Louvre, wo die meisten Touristen die Mona Lisa sehen wollen, aber nur ganz kurze Zeit das Gemälde betrachten können, weil sie vom Aufsichtspersonal weitergetrieben werden. Erfreulicherweise wurde mir diese Hast bei meinem ersten Besuch im Louvre erspart und bot mir die Möglichkeit das Gemälde ausführlich und nach Herzenslust aus allen Winkeln zu betrachten. Daran ist heutzutage leider nicht mehr zu denken (Abb. 2.2).

Die Kronjuwelen im Tower von London können nur für eine genau bemessene Zeit bewundert werden, weil sich die Besucher auf ein Laufband begeben müssen, das für jede Person die gleiche Zeit für die Betrachtung der Sammlung einräumt.

Derartige Eingriffe in den Strom kulturell interessierter Touristen sind fragwürdig. Nicht jede Person bringt für einen Kulturgegenstand das gleiche Interesse auf und kann das Gesehene gleich schnell verarbeiten.

Eine weitere Möglichkeit zum Umgang mit den Massen an Besuchern besteht darin, kurzfristige Vermietung von Wohnungen einzuschränken, bürokratische Hürden aufzubauen oder sogar ganz zu

Abb. 2.2 Touristen vor der Mona Lisa im Louvre. (Quelle: Thomas Staub, Pixabay)

verbieten. Lokale Bewohner haben dann weniger Anreiz, die kulturellen Zentren zu verlassen. Allerdings wird damit in das private Eigentumsrecht eingegriffen, was gleichfalls fragwürdig ist. Andererseits gewinnt dadurch eine Stadt für die Besucher wiederum an Attraktivität, weil sie nicht nur auf andere Touristen treffen, sondern auch auf lokale Bewohner.

Administrative Eingriffe sind ebenfalls auf der Angebotsseite möglich. So kann die Infrastruktur verbessert werden, um die Massen an Besuchern besser zu bewältigen. Bei einer von Überfüllung bedrohten Kulturstätte kann der Verkehr gesteuert werden, indem zusätzliche Parkmöglichkeiten an gut geeigneten Plätzen zur Verfügung gestellt werden und damit der Suchverkehr, der Lärm und Abgase verursacht, eingeschränkt wird. Allerdings werden wegen der angenehmeren Bedingungen damit noch mehr Touristen angezogen.

4. *Steuerliche Anreize setzen*

Die Touristenströme können beeinflusst werden, indem unterschiedliche Steuern erhoben werden. So bezahlen zum Beispiel Touristen, welche in der weiteren Umgebung von Amsterdam übernachten, eine geringere Steuer als jene, die im Zentrum wohnen wollen. Unterschiede in der Steuerbelastung entfalten jedoch nur eine Wirkung, wenn sie die dadurch entstehenden Nachteile überwiegen. Wer ein Hotel außerhalb Amsterdams wählt, hat höhere Anfahrtskosten und einen höheren Zeitaufwand, um die im Zentrum der Stadt gelegenen Attraktionen zu besuchen.

5. *Preise für den Besuch erhöhen*

Übertourismus lässt sich auch beeinflussen, indem die Preise für den Besuch einer Kulturstätte direkt oder indirekt verteuert werden, so dass ein Besuch weniger attraktiv wird. Ein solcher Eingriff ist wegen der durch den Übertourismus verursachten negativen externen Effekte zu rechtfertigen. So können die Parkplatzgebühren für Privatwagen, aber vor allem auch für Busse, erhöht werden. Natürlich müssen aber unbeabsichtigte Folgen berücksichtigt werden: Die höheren Kosten dürfen nicht die lokale Bevölkerung treffen, sondern die Touristen. Hierfür gibt es eine Bandbreite von Varianten wie Jahresparkgebühren für die Einwohner oder ein spezielles Angebot an Parkmöglichkeiten für Touristen. In Städten, die von Kreuzfahrtschiffen besucht werden, kann die Liegegebühr für Schiffe im Hafen angehoben werden.

Auch die Besuchskosten können erhöht werden und damit den Zustrom von Besuchern vermindern, indem die *staatlichen Abgaben* für Übernachtungsgäste erhöht werden. Eine zusätzliche Besteuerung von Hotels und Restaurants wäre ebenfalls eine Möglichkeit, die auf alle Waren- und Dienstleistungsanbieter ausgedehnt werden kann.

Eine höhere Besteuerung des Tourismussektors wird jedoch auf großen Widerstand der Anbieter stoßen, weil deren Gewinne negativ betroffen werden. Sie können nicht davon ausgehen, dass sie die zusätzlichen Steuern in vollem Umfang an die Konsumenten weitergeben können. Ebenso wichtig ist jedoch die verzerrende Wirkung einer Zusatzbesteuerung. Tagestouristen sind von einer höheren Übernachtungssteuer nicht betroffen. Passagiere von Kreuzfahrtschiffen werden an Bord verpflegt und geben deshalb wenig Geld für Restaurantbesuche aus. An den meisten Orten werden auch Airbnb-Übernachtungen nicht mit einer Steuer belastet. Dies mag sich zwar in Zukunft an manchen Orten ändern, aber es bestehen mannigfache Möglichkeiten, eine derartige Steuer zu umgehen.

Der Besuch von kulturellen Stätten kann direkt mit einem *Eintrittspreis* verteuert werden. Diese Maßnahme ist effizient, weil sie die Tätigkeit höher belastet, die für den Übertourismus verantwortlich ist, nämlich die Kulturgüter anzusehen und zu erleben. Ein Eintrittspreis kann vielerlei Formen annehmen:

– In den meisten Fällen wird ein einheitlicher Preis für eine erwachsene Person erhoben; Kinder bezahlen weniger.
– Der Eintrittspreis kann zum Beispiel nach Alter (Jugendliche und Pensionierte bezahlen weniger) oder nach Herkunft (Landesbewohner oder Angehörige der Europäischen Union bezahlen weniger) variiert werden, so wie dies bei Eintritten zu vielen anderen Veranstaltungen wie Theater- oder Opernbesuchen üblich ist.

Am besten geeignet ist ein sich nach der bestehenden Übernachfrage richtender *variabler Eintrittspreis,* das sogenannten „Peak Load

Pricing". Wollen zu einem Zeitpunkt besonders viele Personen eine Kunststätte besuchen, wird der Preis angehoben; wenn der Andrang weniger hoch ist, wird der Preis gesenkt. In den vermutlich seltenen Zeiten, in denen eine Kulturstätte nicht mit Besuchern gefüllt ist, sollte kein Eintrittspreis verlangt werden. Wie hoch ein Eintrittspreis zum Besuch einer kulturellen Stätte festgelegt werden sollte, ist jedoch in der Praxis nicht einfach zu bestimmen. Ein sich gemäß der Übernachfrage dauernd ändernder Preis mag von potenziellen Besuchern als willkürlich angesehen werden. Befragungen haben in der Tat ergeben, dass Preise, die sich nach der Übernachfrage richten, vom Publikum wenig akzeptiert werden, weil sie als unfair angesehen werden (Kahneman et al. 1986; Frey und Pommerehne 1993). Allerdings scheint sich die Bevölkerung allmählich an zeitlich variable Preise zu gewöhnen. Die Flug- und Hotelbranchen haben das Prinzip der dynamischen Preise schon lange verinnerlicht. Mit dem vermehrten Onlineangebot lassen sich dynamische Preise leicht implementieren. Gleiches gilt für kulturelle Veranstaltungen. Sie bieten auch offline schon oft Plätze an einem gewöhnlichen Wochentag günstiger an als an einem Freitag oder Samstag. Ein weiteres Beispiel sind Resttickets, die kurzfristig vor der jeweiligen Veranstaltung günstiger vergeben werden (Metz und Seesslen 2019).

Eintrittspreise lassen sich sinnvoll erheben, wenn der Zugang mit geringem Aufwand zu kontrollieren ist. Das ist ganz offensichtlich bei Museen der Fall. Die meisten Museen der Welt verlangen einen Eintrittspreis. Fünfzig „Nationalmuseen" im Vereinigten Königreich gewähren jedoch seit 2001 einen unentgeltlichen Zutritt in die Dauerausstellungen. Der Eintritt in die Dauerausstellungen der National Gallery, der Tate Gallery, der New Tate, des British Museums und des Victoria and Albert Museums ist kostenlos. Für Sonderausstellungen wird jedoch regelmäßig ein Eintrittspreis erhoben. Diese Londoner Museen werden zur Hälfte von Touristen besucht; sie gehören zu den meistbesuchten Attraktionen des Vereinigten Königreichs. Auch in Deutschland verzichten einige Museen auf Eintrittspreise für ihre Dauerausstellungen, so zum Beispiel seit 2015 das Museum Folkwang in Essen oder das Landesmuseum Württemberg im Alten Schloss in Stuttgart (Wegner und Schössler 2019).

Ein Eintrittspreis lässt sich auch bei einzelnen Kulturstätten erheben. So werden für den Besuch des Taj Mahal etwas mehr als zwölf Euro verlangt, für den Machu Picchu rund 40 Euro.

Das von Touristen überflutete österreichische Dörfchen Hallstatt mit jährlich beinahe 20.000 ankommenden Reisebussen wird den Busgesellschaften ein Zeitfenster zwischen acht Uhr morgens und fünf Uhr abends vorgeben. Die Busse müssen überdies mindestens zweieinhalb Stunden auf dem zugewiesenen Parkplatz bleiben und eine Gebühr von 80 Euro entrichten. Auf diese Weise wird versucht, die Zahl der Busse auf 8000 pro Jahr zu vermindern (Benz 2019). Die Gemeinde kann damit beträchtliche Einnahmen erzielen und die Umsätze der Gaststätten werden zunehmen (Abb. 2.3).

Die katholische Kirche will vermeiden, dass ihre Kirchen nur mehr als Museen und Kunstwerke angesehen werden. Um dennoch Erträge zu erzielen, wird bei den am häufigsten besuchten Kirchen für einfach abgrenzbare Bereiche, wie etwa Kapellen, die Sakristei oder den Kreuzgang, ein Eintrittsgeld erhoben. In Venedig können verschiedene berühmte Kirchen von den Touristen mit einem Abonnement

Abb. 2.3 Hallstatt, Österreich. (Quelle: Arvid Olson, Pixabay)

2 Reaktionen auf den kulturellen Übertourismus

besichtigt werden, während einheimische Gläubige, welche die Kirchen zum Gebet besuchen, davon ausgenommen sind.

Für kulturell besonders wichtige Städte wie etwa Rom, Florenz, Salzburg, oder Prag lässt sich kein Eintrittspreis erheben, weil diese Städte viele verschiedene Zugänge haben, die sich nicht kontrollieren lassen. Venedig ist eine große Ausnahme, da die allermeisten Touristen (mit Ausnahme der Passagiere der Kreuzfahrtschiffe) mit dem Zug oder Auto am Piazzale Roma ankommen und von dort zu Fuß oder mit dem Vaporetto (Wasserbus) ins Zentrum der Stadt strömen. Der Stadtrat Venedigs plant, einen Eintrittspreis zwischen drei und zehn Euro mit dem Ziel einzuführen, die Zahl der Touristen zu beschränken (Giuffrida 2019). Auch für Dubrovnik dürfte ein Eintrittspreis möglich sein, weil die Altstadt nur durch zwei leicht kontrollierbare Tore betreten werden kann. Allerdings ist auch unter günstigen Bedingungen ein erheblicher administrativer Aufwand notwendig, denn es muss festgelegt werden, wer Anrecht auf freien Eintritt hat. Gilt dies etwa für regelmäßige oder gar einmalige Zulieferer für die Gaststätten und Läden? Und wie steht es mit Personen, die für einige Zeit eine Wohnung mieten? Soll der Eintrittspreis auch für Airbnb-Gäste gelten?

Eintrittspreise werden auch für landschaftliche Sehenswürdigkeiten erhoben. So verlangte die Insel Komodo in Indonesien bisher rund neun Euro für den Eintritt. Nun sind bis zu 450 Euro im Gespräch. Der Grund für diese massive Preissteigerung ist ein rapider Rückgang der dort exklusiv lebenden Tierart, den Komodowaranen (Marti 2019).

Eine ungewöhnliche Möglichkeit, den übermäßigen Strom kultureller Touristen zu lenken, besteht in der Erhebung eines *Austrittspreises* (Frey und Steiner 2012). Die Besucher zahlen erst nach Abschluss eines Besuches einer Kunststätte. Sie wissen zuvor ja noch nicht mit Sicherheit, wie sehr ihnen der Besuch gefallen wird. Oft haben sie sogar nur eine vage Ahnung. Am Ende des Besuchs können sie sich entscheiden, wieviel sie bezahlen wollen. Die besuchte kulturelle Sehenswürdigkeit legt einen Mindestpreis fest, den jeder Besucher entrichten muss, aber es werden auch verschiedene höhere Preise angegeben. Es lässt sich vermuten, dass Touristen, die von einer Kulturstätte begeistert sind, durchaus bereit sind, auch einen höheren Preis zu entrichten.

Soziale Aspekte können auch in anderer Weise berücksichtigt werden. Eine Möglichkeit wäre, die Touristen je nach Ursprungsland unterschiedlich zu behandeln. Wer aus einem Land mit hohem Durchschnittseinkommen stammt, muss mehr bezahlen als eine Person, die aus einem Entwicklungsland kommt. Auch hier eröffnet sich wieder eine große Zahl von Umgehungsmöglichkeiten, besonders von Seiten professioneller Reiseanbieter. Dadurch können Ungerechtigkeiten entstehen. Außerdem ist auch der hohe administrative Aufwand zu bedenken.

Von Ferne kommende Kunsttouristen könnten bevorzugt behandelt werden, weil sie ja damit zeigen, dass ihnen der Besuch besonders wichtig ist. Dagegen spricht jedoch, dass der Eintrittspreis von einigen Euros einen minimalen Anteil der Gesamtkosten einer Reise ausmacht und deshalb gerne vernachlässigt wird. Wer zum Beispiel aus China anreist, wird sich vom Besuch Venedigs wegen einer Gebühr von drei oder auch zehn Euro nicht abhalten lassen (FAZ 2019).

6. *Besuchsrechte versteigern*
Es wird eine beschränkte Anzahl von Eintritten zu einer Kulturstätte angeboten, so dass die Besucher und die lokale Bevölkerung sich gegenseitig so wenig wie möglich behindern. Diese beschränkten Besuchsrechte werden dann versteigert. Wer einen bestimmten Ort unbedingt besuchen möchte und bereit ist, dafür genügend Geldmittel aufzubringen, wird einen hohen Preis für die Besuchsberechtigung bieten und bezahlen. Verfügt eine Person hingegen nur über geringe finanzielle Möglichkeiten oder ist mäßig am Besuch interessiert, wird sie wenig dafür aufwenden wollen. Sie wird in der Auktion für das Besuchsrecht wenig bieten und deshalb den Ort nur dann besuchen können, wenn dies wenig andere Touristen tun möchten. Mit einer Versteigerung der Besuchsrechte wird somit erreicht, dass diejenigen zuerst zum Zug kommen, die den größten Nutzen aus einer Besichtigung ziehen. Allerdings hat dieses Verfahren den Nachteil, dass sich Bewerber mit höherem Einkommen und Vermögen besser durchsetzen können. Deshalb wird eine Versteigerung des Zutritts nur in wenigen Fällen als fair angesehen werden.

2.4 Besucher werden ausgeschlossen

Die meisten europäischen Kulturstätten versuchen, dem Übertourismus zu begegnen, indem sie uniform regulieren, die Besucher zeitlich zu verteilen suchen und die Infrastruktur stärken (vgl. ausführlich Peeters et al. 2018, S. 99–106). Die von Ökonomen bevorzugte Maßnahme, den Kulturtouristen mittels niedrigeren Preisen einen Anreiz zu geben, sich weniger auf die überlaufenen Orte zu konzentrieren, wird im Vergleich dazu wenig angewendet.

Die diskutierten Maßnahmen zur Bewältigung des kulturellen Übertourismus haben einen großen Nachteil: Ein Teil der Personen, welche die Sehenswürdigkeiten bewundern wollen, wird ausgeschlossen. Besonders deutlich ist dies bei den administrativen Einschränkungen der Fall. Wer sich nicht an die zeitlichen und örtlichen Bedingungen anpasst, kann die entsprechenden Kulturstätten nicht besuchen. Wird ein Eintrittspreis erhoben, wird all denjenigen der Besuch verwehrt, die den geforderten Preis nicht entrichten wollen oder können. Diese Restriktion dürfte vor allem Familien mit Kindern betreffen. Während etwa der für Venedig vorgesehene Eintrittspreis von drei Euro für eine einzelne Person gering ist, muss eine fünfköpfige Familie bereits 15 Euro aufwenden. Da der Preis in der Zukunft noch angehoben werden soll – es werden sogar zehn Euro erwogen – kann der Betrag für eine Familie beträchtlich werden.

Bei einer Verteilung der kulturell interessierten Touristen auf bisher wenig besuchte Kunststätten findet dieser Ausschluss nur beschränkt statt. Die Touristen werden für ihren „Verlust" kompensiert, indem sie wenigstens diese anderen Orte besuchen können. Allerdings schätzen sie wohl den Nutzen eines Besuchs dieser Stätten geringer ein als denjenigen des verwehrten Ortes. Ebenso ist zu befürchten, dass diese bisher wenig besuchten Stätten dadurch ebenfalls überlaufen sein werden.

Teil II

Übertourismus – Ein Radikaler Vorschlag

3

Eine positive Alternative: *Neue Originale*

Um das drängende Problem des kulturellen Übertourismus sinnvoll anzugehen, schlage ich einen radikal anderen Ansatz vor: Anstelle einer Begrenzung der Nachfrage – die viele Kunstfreunde ausschließt – ist das *Angebot zu steigern*. Das vergrößerte Angebot wird mithilfe *Neuer Originale* erreicht. Auf diese Weise können möglichst viele Touristen die kulturellen Sehenswürdigkeiten besuchen. Im ersten Moment scheint dieser Vorschlag völlig abwegig und wird in der Literatur als unmöglich angesehen (z. B. Smeral 2019). Kulturdenkmäler werden vielmehr als historisch bestimmt und als nicht vermehrbar betrachtet. Bei näherer Überlegung erweist sich die Idee einer Angebotsausweitung jedoch als durchaus vernünftig und machbar.

Das zusätzliche Angebot mittels Neuer Originalen soll von möglichst vielen Touristen genutzt werden, die dafür auf den Besuch des Originalortes verzichten. Personen, die unbedingt das Original sehen wollen, können dies unter weniger stressigen Bedingungen genießen, weil dort die Zahl der Besucher wegen des alternativen Angebotes geringer sein wird. Der Tradition verhaftete Bildungsbürger können nach wie vor die ursprüngliche Stätte besuchen und sich unter besseren Umständen an ihr erfreuen. Der überbordende Touristenstrom wird damit zweigeteilt. Für viele Touristen werden die Neuen Originale attraktiv sein. Es erlaubt ihnen auf angenehme Weise, in die Kunst und die Geschichte einer Kulturstätte einzutauchen und sich ihr damit erfolgreich anzunähern.

3.1 Was bieten Neue Originale?

Die wichtigsten Gebäude werden identisch kopiert
Die Erfahrung zeigt: Eine Kulturstätte wird durch einige wenige Gebäude bestimmt. Ein großer Teil der Touristen, die eine Stadt besuchen, orientiert sich nur an den wichtigsten drei oder vier Denkmälern, die sie aus den Medien kennt.

Als Beispiel sei Venedig genannt. Viele auch kulturell interessierte Touristen konzentrieren sich auf den Dogenpalast, die Markuskirche, den Markusturm und die Rialtobrücke sowie auf jene Teile des Canal Grande, die von dort sichtbar sind. Im Extremfall werden diese mit dem Handy als Selfie abgelichtet, wobei den Kunstwerken der Rücken zugewendet wird. Danach wird der Weg zu einem anderen Kunstwerk angetreten, das auf gleiche Weise in kürzester Zeit für Freunde und Follower aufgenommen wird. Als Ziel des Reisens wird auch häufig ein Video von 15 Sekunden Länge angesehen (The Economist 2019). Eine ausführliche Betrachtung und ein Eingehen auf ein Kunstwerk werden entweder nicht angestrebt, durch die Massen von Besuchern erschwert oder gar verunmöglicht.

Deshalb kann es sinnvoll sein, die am meisten besuchten Kunstwerke einer Stadt zu kopieren und andernorts aufzustellen. Eine identische Replikation ist mit den heutigen technischen Möglichkeiten ohne Weiteres machbar; die Besucher können keinen Unterschied zum „Original" feststellen.

Digitale Technologie wird umfassend eingesetzt
Die reproduzierten Gebäude und Kunstwerke müssen durch moderne Technologie ergänzt werden. Für die Besucherinnen und Besucher soll der gleiche Eindruck entstehen wie in der ursprünglichen Stadt. Dazu

müssen alle Möglichkeiten der digitalen Technik verwendet werden (z. B. Aichner et al. 2019; Daponte et al. 2014).

Die Realität lässt sich erweitern – auf Englisch: augmented reality – indem die reale Welt mit virtuellen und computererzeugten Gegenständen ergänzt wird. Die so geschaffenen Räume erscheinen derart überzeugend, dass sie nicht von den Objekten der realen Welt unterschieden werden können. Die realen und virtuellen Gegenstände existieren gleichzeitig nebeneinander und verschmelzen miteinander. Diese Neuen Originale haben eine dreifache Dimension (3D) und werden in Echtzeit erlebt. In den letzten Jahren hat der technologische Fortschritt zu einer starken Verbesserung der erweiterten Realität geführt. Es ist zu erwarten, dass diese Entwicklung in der Zukunft anhält. Der Unterschied zwischen herkömmlicher und erweiterter Realität wird deshalb immer kleiner.

Gleichzeitig haben die Besucher die Möglichkeit, in einer von Computern geschaffenen dreidimensionalen Umgebung selbst zu navigieren und innerhalb der Neuen Originale zu interagieren (virtual reality). Die Besucher können die ihnen am meisten zusagenden Aspekte auswählen und mit ihnen interagieren. Dabei können alle fünf Sinne angesprochen werden, also zum Beispiel auch die für eine Stadt oder Region typischen Gerüche oder Geräusche. Schon bald muss dazu nicht mehr eine Apparatur über den Kopf gestülpt werden, sondern als nächste Stufe kann dies durch neu gestaltete Smartphones erleichtert werden. In der weiteren Zukunft dürfte sogar darauf verzichtet werden können.

Die digitale Technologie ermöglicht es den Besucherinnen und Besuchern in die Kulturstätten einzutauchen und sie auf diese Weise intensiv zu erfahren. Digitale Kunstartefakte können verschiedenste Formen annehmen (Arnold 2008). So können etwa Videos, 3-D-Kopien, digitale Übersichten (digital surveying, wobei Distanzen elektronisch erfasst und in einen Gesamtzusammenhang gestellt werden), Radarsysteme, mit deren Hilfe Oberflächen durchbrochen werden können, globale Ortsbestimmungssysteme (Global Positioning Systems GPS), Wärmesensoren und akustische Messsysteme verwendet werden.

Die „Venice Time Machine" ist ein solches digitales Vorhaben, das den Menschen erlauben soll, in die Vergangenheit Venedigs einzutauchen. Es gilt als ein führendes Projekt der digitalen Geisteswissenschaften (Digital Humanities). Mithilfe der Bestände des gigantischen Staatsarchivs von

Venedig, das über Jahrhunderte reichende, lückenlose Quellen verfügt, soll die vollständige Geschichte der Lagunenstadt erlebbar gemacht werden. Dieses Vorgehen erlaubt den Besuchern, in verschiedenen Epochen durch die Stadt zu wandern und etwa Handwerkern beim Bau des Dogenpalastes zuzuschauen. Auch der Verlauf von Epidemien oder die Funktionsweise des venezianischen Finanzmarktes lassen sich auf diese Weise präsentieren und erleben. Allerdings ist aus verschiedenen Gründen offen, ob das Projekt der Venice Time Machine erfolgreich abgeschlossen werden kann. Streitigkeiten zwischen den beteiligten Parteien, der Universität EPFL Lausanne und dem Staatsarchiv Venedig, über die Methoden und die Erfolgsaussichten der Digitalisierung gefährden dieses Projekt (Hafner 2019). Es zeigt jedoch, in welcher Weise digitale Verfahren angewendet werden können, um eine Stadt auch virtuell zum Leben zu erwecken.

Ein gutes Beispiel, auf welche Weise zerstörte Kunststätten unter Verwendung virtueller Techniken wieder rekonstruiert werden können, war 2018/2019 im Institut du Monde Arabe in Paris zu sehen. Die Ausstellung „Von Mossul nach Palmyra. Eine virtuelle Reise durch das Weltkulturerbe" wurde danach von der Bundeskunsthalle in Bonn übernommen. Die Besucher werden mittels großformatiger Projektionen ins Herz der drei legendären antiken Metropolen Mossul, Aleppo und Palmyra geführt, die 2015/2016 durch islamische Terroristen verwüstet wurden. Leptis Magna hingegen ist weniger durch Plünderungen und vorsätzliche Zerstörung, sondern vielmehr durch natürliche Erosion und Versandung gefährdet (Clemente-Ruiz und Aloudat 2019). Auf diese Weise kann das universelle Erbe der Menschheit auch nach Zerstörungen zumindest teilweise gesichert werden. Die Möglichkeit, digitale Artefakte zu erstellen, ist bereits recht weit fortgeschritten und wird sich in Zukunft noch verbessern (Greengrass und Hughes 2008).

Auch *Hologramme* lassen sich erfolgreich verwenden. Werden sie gut eingesetzt, ist kaum oder gar nicht mehr zu unterscheiden, ob tatsächlich eine Person vor einem steht oder eben nur das Hologramm einer Person. Auf diese Weise können historische Ereignisse lebendig gemacht werden. So können zum Beispiel die legendären Aktivitäten von Giacomo Casanova als Frauenheld in der venezianischen Gesellschaft des 18. Jahrhunderts, seine aufsehenerregende Flucht aus den Bleikammern des Dogenpalastes, sein rastloses Reisen an viele Fürstenhöfe Europas und schließlich seine letzten Jahre auf Schloss Dux im Königreich Böhmen spannend und lehrreich dargestellt werden. Ebenso kann das Leben berühmter Komponisten, Maler, Schriftsteller, Staatsmänner und Generäle und selbstverständlich auch das Leben entsprechender Damen, wie etwa der offiziellen Geliebten des französischen Königs Louis XIV, Madame Pompadour in Versailles, gezeigt werden. Noch spannender ist die zum Katholizismus übergetretene schwedische Königin Kristina (1626–1689). Ihre Geschichte könnte zum Beispiel das damalige Leben in der Stadt Stockholm darstellen, die sie wegen ihrer intensiven Kontakte zu führenden Wissenschaftlern zum „Athen des Nordens" machte. Nach der Aufgabe des Thrones würde ihr Leben in Rom den Besuchern nahe gebracht.

Holographic Augmented Reality ist, wie der Name schon verrät, eine Kombination aus Augmented Reality und Hologrammen. Mithilfe eines Headsets erlaubt diese Technologie ein dreidimensionales Erlebnis. Besucher können sogar durch Handbewegungen Artefakte im virtuellen Raum bewegen. Diese Interaktivität erlaubt eine nähere und erlebnisreichere Auseinandersetzung mit den kulturellen oder historischen Artefakten. TombSheer ist eine solche holografische Anwendung der erweiterten Realität, die einen Einblick in die ägyptische Grabstätte „Tomb of Kitines" im Royal Ontario Museum gewährt. Bisher passive Betrachter können nun ihren Besuch aktiv mitgestalten. Durch die Verknüpfung von klassischer Informationsaufnahme und Bewegung soll der Lerneffekt verstärkt werden (Pedersen et al. 2017).

Noch eine Stufe weiter als Hologramme gehen *digitale Doppelgänger* (digital twins). Sie stellen mehr als eine bloße Kopie eines Originals dar. Sie nehmen ein eigenes Leben an und sind mit einer großen Zahl von Sensoren mit sich selbst verbunden. Sie entwickeln sich dauernd weiter und schaffen damit eine Flut neuer Daten (The Economist 2020b). Dank ihrer engen Verknüpfung mit künstlicher Intelligenz können sie Objekte und die Gesichter, Sprache und sogar Gerüche der Besucher von Kulturstätten erkennen. Es können auch Interaktionen mit Touristen realisiert werden, was einen weiteren Erlebniswert ermöglicht. Damit bieten sich in der Zukunft viele zusätzliche Möglichkeiten für Neue Originale.

Die auf sechs Kontinenten und in 130 Ländern mit riesigem Erfolg gezeigte multimediale Ausstellung „Van Gogh Alive" demonstriert eindrücklich, in welcher Weise moderne digitale Technik verwendet werden kann. Das Werk dieses einzigartigen, bereits durch einen berühmten Film einem breiten Publikum bekannten Malers, wird den Besuchern mittels einer Kombination aus Licht, Farbe und Musik nahegebracht. Die Werke van Goghs werden in großflächigen Projektionen zum Leben erweckt. Sie vermitteln den Betrachtern das Gefühl, sich mitten in seinen Gemälden zu befinden. Darüber hinaus können die Besucher erfahren, woher der Maler seine Inspirationen erfahren hat. Damit werden sie in das Geschehen miteinbezogen.

Auch die zum 500. Todestag von Leonardo da Vinci vom Oktober 2019 bis Februar 2020 im Louvre von Paris präsentierte Ausstellung zeigte nicht nur einige wichtige Gemälde dieses Genies, sondern bemühte sich, den Besuchern dessen gesamtes Schaffen zu vermitteln. Verschiedene Meisterwerke, wie zum Beispiel die „Madonna mit der Nelke", „Cecilia Gallerani" oder auch „Ginevra de' Benci" konnten nicht ausgestellt werden, weil sie nicht mehr transportfähig sind. Sie werden jedoch als Infrarotabbildung in originaler Größe gezeigt. Erst das 39. Gemälde in der Ausstellung ist eine echte Malerei da Vincis. Dennoch war die Ausstellung auch hinsichtlich der Zahl von 1,1 Millionen Besuchern ein riesiger Erfolg. Gemäß Aussagen des Museums handelt es sich um einen historischen Rekord. Nie zuvor hat eine Ausstellung so viele kunstinteressierte Personen angezogen. Damit werden die großen Möglichkeiten sichtbar, wenn für die Vermittlung von Kunstwerken moderne digitale Technik verwendet wird.

Kunststätten werden historisch und kulturell eingebettet
Vermittelt werden kann sowohl die geschichtliche Entwicklung als auch die künstlerische Bedeutung einer Kulturstätte. Wer ein Neues Original besucht, erfährt damit eine nahe und spannende Beziehung. Sie unterscheidet sich wesentlich von derjenigen der vielen Besucher von Kulturstätten, die diese rein äußerlich besichtigen – und oft auch nur ein Selfie schießen – aber über wenig oder gar keine Kenntnisse über deren Historie und künstlerische Bedeutung verfügen.

Den Besuchern von Neuen Originalen können je nach Interesse und Bildungsstand unterschiedliche Erfahrungen angeboten werden. Kinder können durch digitale Präsentationen angesprochen werden, die ihrem Alter entsprechende Aspekte betonen; andere Präsentationen können sich mehr auf die Geschichte oder auf spezifische kulturelle Aspekte wie Musik, Malerei oder Literatur konzentrieren. Solche Unterschiede erhöhen sowohl die Freude als auch den Nutzen eines Besuchs bei den Neuen Originalen. Sie können auch zu fruchtbaren Diskussionen zwischen verschiedenen Besuchern führen, etwa zwischen Eltern und Kindern, die unterschiedliche Eindrücke empfangen haben. Eine solche Differenzierung bietet einen weiteren klaren Vorteil gegenüber den alten Originalen.

Auch hier kann Venedig als Beispiel dienen. Es ist wohl nicht verfehlt zu vermuten, dass von den 130.000 Personen, die an manchen Tagen Venedig besuchen, nur wenige über die Geschichte und kulturelle Bedeutung dieser Lagunenstadt Bescheid wissen. Die reproduzierten Gebäude und die virtuelle Technologie müssen eng mit der Geschichte und der künstlerischen Bedeutung der Kulturstätte verbunden werden. Die Besucher sollen sich als Teil eines Geschehens zu der Zeitperiode fühlen, in der die Kulturstätten entstanden sind und sich entwickelt haben. Außerdem muss ihnen die gezeigte Kultur auf leicht verständliche Weise nahe gebracht werden. Das derart vermittelte historische und kulturelle Erlebnis bringt den Besuchern der reproduzierten Sehenswürdigkeiten in den Neuen Originalen einen Zusatznutzen, der beim Besuch eines überfüllten Ortes weitgehend fehlt. Dieses Miterleben unterscheidet die Neuen Originale von den durch kulturellen Übertourismus in Mitleidenschaft gezogenen ursprünglichen Orten.

Mittels Verfahren digitaler Realität kann in einem Neuen Original der Übergang von den reproduzierten Gebäuden zu dessen Umgebung auf unmerkliche Art bewerkstelligt werden. So kann etwa die Aussicht von der Rialtobrücke auf den Canal Grande virtuell dargestellt werden. Die kunstinteressierten Besucher können nicht feststellen, wo die reproduzierten Gebäude aufhören und wo sie durch eine virtuelle Darstellung ergänzt werden.

Verbindung von Kopie und digitaler Technik

Selbstverständlich hängt es von der speziellen Kunststätte ab, welche Bedeutung exakten Replikationen von Gebäuden zukommen soll und wie die verschiedenen Dimensionen virtueller Technologie eingesetzt werden können. Bei einem weitgehenden Verzicht auf erweiterte und virtuelle Realität sind Neue Originale den Bauten der bereits bestehenden Freizeitparks wie Disneyland oder dem Europapark ähnlich. Als absolutes Gegenteil lassen sich auch Neue Originale vorstellen, bei denen auf die Replikation von Gebäuden verzichtet und der Bezug einer Kunststätte zur Geschichte und Kunst einzig mithilfe digitaler Technik bewerkstelligt wird. In diesem Fall verlagert sich die Kunst völlig in den virtuellen Raum. Auch wenn diese Variante Neuer Originale zur Zeit noch ungewohnt erscheint, bieten sich doch innovative Möglichkeiten, Kultur und Geschichte darzustellen und den Menschen nahezubringen. Es ließe sich sogar argumentieren, dass ein digital geschaffenes Neues Original wegen der vielen zusätzlichen Gestaltungsmöglichkeiten „realer" als die ursprüngliche Kunststätte ist.

3.2 Warum sind Neue Originale von Vorteil?

Im Gegensatz zu den heute üblichen Besichtigungen überlaufener kultureller Sehenswürdigkeiten weisen Neue Originale mehrere beachtenswerte Vorteile auf:

- Es wird eine wesentlich engere Beziehung zu den besuchten Kulturstätten hergestellt. Die Touristen klappern nicht nur die im Internet empfohlenen Höhepunkte ab und reisen dann wieder weiter. Vielmehr werden ihnen sowohl die Geschichte auch als die kulturellen Zusammenhänge auf einprägsame und attraktive Weise vermittelt. Der Besuch wird zu einem Gesamterlebnis und die Touristen fühlen sich mit den Kunststätten enger verbunden.
- Der Aufenthalt wird wesentlich angenehmer. Die Neuen Originale sind von Anfang an in einer Weise geplant, dass die Besucher nicht nur in die entsprechende Kultur eintauchen, sondern dies auch auf angenehme Weise tun können. Die große Zahl von Touristen wird sinnvoll auf die verschiedenen Attraktionen verteilt. Damit entfallen die Hast und das Gedränge, welche die heutigen Orte des Übertourismus charakterisieren. Gleichzeitig sind Annehmlichkeiten wie Restaurants,

3 Eine positive Alternative: *Neue Originale*

Hotels und Souvenirläden gut erreichbar. Nicht zu vergessen sind leicht zugängliche und selbstverständlich saubere Toiletten. Auch für Personen mit einem Handicap wird gut gesorgt. Der Zugang mit einem Rollstuhl ist mühelos.

- Der Zeitaufwand für die Besucher wird wesentlich verkürzt, weil die langen Warteschlangen mit den entsprechenden Anstehzeiten entfallen. Wenn verschiedene kulturelle Sehenswürdigkeiten an einem Ort zusammengefasst werden – wie zum Beispiel die norditalienischen Städte Verona, Siena, Pisa, Padua, Bergamo und Vicenza – vermindert sich der Zeitaufwand noch weiter.
- Die Neuen Originale bieten den Touristen Sicherheit vor Kriminalität und auch gewerbsmäßiger Bettelei. Damit entfällt eine Sorge, die sich gerade auch Familien mit Kindern machen.
- Die Neuen Originale werden nach den neuesten ökologischen Standards errichtet. Es werden so wenige Schadstoffe ausgestoßen wie mit der modernsten Technologie erreicht werden kann. Die einfache Zufahrt und die zusammengefassten Sehenswürdigkeiten ersparen weitere ökologische Schäden. Die lange Suche nach Parkplätzen, die überdies viel Lärm und Gestank verursacht, entfällt für Touristen, die mit dem Auto oder mit dem Bus anreisen, weil von vornherein für genügend Abstellflächen gesorgt ist.
- Die Einwohner der originalen Kunststädte leiden weniger unter Verschmutzung der Luft und des Wassers, Kriminalität und Bettelei, Lärm und Verstopfung der Gehwege und Straßen sowie Warteschlangen.
- Die Neuen Originale tragen dazu bei, Kulturstätten für die Nachwelt zu erhalten. Wichtige Gebäude und Kunstgegenstände werden exakt kopiert. Verfallen die ursprünglichen Originale wegen unzureichender Pflege, wegen Beschädigung durch Umwelteinflüsse oder Zerstörung durch Kriege, Terroristen oder Naturereignisse, bleiben sie dennoch für kommende Generationen sichtbar. Da ein Teil des kulturellen Massentourismus auf die Neuen Originale umgelenkt wird, vermindert sich die Belastung der ursprünglichen Kulturstätten und sie bleiben in einem besseren Zustand. Außerdem ist auch zu erwarten, dass die originalen Orte vorwiegend von Personen besucht werden, die besonders sorgfältig mit den Zeugen der Vergangenheit umgehen.

Diese Aufzählung zeigt die mannigfachen Vorteile Neuer Originale gegenüber dem heute grassierenden kulturellen Übertourismus an den originalen Orten.

3.3 Ähnliche Angebote gibt es bereits

Prähistorische Malereien in Altamira und Lascaux
Im spanischen Kantabrien und in der französischen Dordogne befinden sich zwei Höhlen mit außergewöhnlich schönen prähistorischen Bildern von Tieren – Hirschen, Bisons, Pferden und Wildschweinen – und auch Menschen: die Höhlen von Altamira und Lascaux.

Die prähistorischen Bilder in Lascaux sind zwischen 15.000 und 17.000 Jahre alt, vielleicht sogar noch älter.

In Altamira sind die Malereien rund 15.000 Jahre alt, aber es gibt auch Schätzungen, dass sie vor 36.000 Jahre entstanden seien. Lange Zeit hindurch konnten die Höhlen in Altamira von Touristen besichtigt werden. Die Besucherzahlen nahmen jedoch derart zu, dass die Wandmalereien durch die Atemluft und sonstige Ausdünstungen der Menschen erheblich beschädigt wurden. Daher wurde 1977 beschlossen, keine Touristen mehr in die originalen Höhlen zu lassen. Als Ersatz wird eine originalgetreue Nachbildung in dem etwa 500 m von der historischen Höhle entfernt errichteten Besucherzentrum gezeigt. Das Ganze wurde in einen umfassenden Museumsbereich eingegliedert. Die Replikation wurde 2001 eröffnet (Abb. 3.1).

Weil die Malereien in Lascaux wegen der vielen Besucher von Pilz befallen wurden, ist eine exakte Nachbildung nur 200 Meter entfernt errichtet worden (Lascaux II). Daneben wurde auch eine Wanderausstellung entworfen (Lascaux III) und die Höhle noch aufwendiger in Montignac, ebenfalls in der Dordogne, präzise repliziert und 2016 eröffnet (Lascaux IV).

Die Rekonstruktionen von Altamira und Lascaux sind so gut gelungen, dass sogar Forscher auf die kopierten Gemälde zurückgreifen, weil sie besser sichtbar sind. Die Touristen haben diese neuen Höhlen mit den

3 Eine positive Alternative: *Neue Originale*

Abb. 3.1 Prähistorische Malerei in Altamira. (Quelle: Welcome to all and thank you for your visit, Pixabay)

Bildern ohne Weiteres angenommen. Das zeigt der von Jahr zu Jahr stetig anwachsende Besucherstrom.

Das Beispiel zeigt: Auch an Kunst speziell interessierte Touristen sind durchaus bereit, Neue Originale zu besuchen. Dies besonders deshalb, weil ihnen die Malereien in den integrierten Museen auf gut verständliche Weise nahe gebracht werden. Eine Replikation zu Neuen Originalen lenkt überdies die Aufmerksamkeit auf diese Kunstwerke und trägt zur Forschung und zur Erziehung bei.

Das Grabmal Tutanchamuns

Im Gegensatz zu den Höhlenmalereien von Altamira und Lascaux, wo die ursprünglichen Höhlen nicht mehr besucht werden können und die Neuen Originale die einzige Möglichkeit darstellen, die prähistorischen Kunstschätze zu sehen, ist im ägyptischen Luxor beides möglich. Im Tal der Könige befinden sich zwei mit Wandmalereien ausgeschmückte Grabmäler des bedeutenden Königs Tutanchamun aus der 18. Dynastie.

Das eine wurde 1323 Jahre v.Chr. errichtet. Das zweite befindet sich drei Kilometer entfernt und wurde im April 2014 als „exakte Replikation" durch die in Madrid beheimatete Factum Foundation for Digital Technology in Conservation erbaut. Dazu wurden modernste dreidimensionale Verfahren eingesetzt. Beide Stätten, das Original und das Neue Original, können besucht werden, wenn ein zusätzliches Eintrittsgeld entrichtet wird (Wong und Quintero 2019).

Panoramen und Dioramen

Panoramen decken einen großen Betrachtungswinkel ab. Sie werden häufig für die Abbildung von spektakulären Landschaften – etwa in den Alpen – und von Bauwerken verwendet. Für die Erstellung von Panoramabildern entstanden im Laufe der Zeit verschiedene Verfahren, vor allem in Form von Rundgemälden und Panoramafotografie. Dioramen bezeichnen Schaukästen, in denen Modellfiguren und Modelllandschaften vor einem bemalten Hintergrund szenenartig dargestellt werden. Sie stehen in der Nachfolge von Weihnachtskrippen.

Die ersten Panoramen wurden bereits Ende des 18. Jahrhunderts errichtet, so etwa am Leicester Square in London, wo bis 1861 wechselnde Riesengemälde gezeigt wurden. In anderen Rotunden wurden lebensecht spektakuläre und naturgetreue Szenen dargestellt, wie etwa die Seeschlacht von Trafalgar oder die Schlacht von Waterloo.

Die Panoramen wurden insbesondere durch einen der Pioniere der Fotografie, Louis Daguerre, zu großen Dioramen weiterentwickelt, in denen mehrere hundert Personen in einem sich drehenden Saal die Szenen betrachten konnten. Wegen ihrer dreidimensionalen Gestaltung vermittelten sie den Besuchern so intensive visuelle Erlebnisse, dass diese kaum mehr zwischen Gemälden und der Wirklichkeit unterscheiden konnten (Jung 2020, S. 51–52).

Das Bourbaki-Panorama aus dem Jahre 1881 im schweizerischen Luzern ist eines der wenigen weltweit erhaltenen Riesenrundgemälde. Es ist 112 Meter lang und zehn Meter hoch. Vorgelagert ist ein plastisch gestaltetes Gelände, auf dem sich zum Beispiel ein Eisenbahnwagen befindet. Damit wird die dreidimensionale Wirkung zur Geltung gebracht. Das Panorama ist eine Anklage gegen den Krieg und zeigt die französische Ostarmee des Generals Bourbaki bei ihrem Übertritt in die Schweiz am Ende des Krieges von 1870/1871. Geschildert werden die ersten humanitären Aktionen des Roten Kreuzes. Insgesamt wird eine Illusion erzeugt, welche die Besucher an einen anderen Ort und in eine andere Zeit entführen soll.

Diese Panoramen waren in der damaligen Zeit eine Sensation, haben enorm viele Menschen angezogen und können als Vorstufen zu den hier vorgeschlagenen Neuen Originalen angesehen werden. Die heutigen technischen Möglichkeiten mittels erweiterter und virtueller Digitalisierung ermöglichen jedoch weit lebensechtere und spannendere Darstellungen.

Wittgensteins Hütte in Norwegen

Im Frühjahr 1914 hat der bedeutende Philosoph Ludwig Wittgenstein an einem steilen, von Bäumen bewachsenen Berghang in der Nähe des kleinen Dorfes Skjolden am Sognefjord ein Haus gebaut, weil ihn der Trubel am Trinity College Cambridge störte. Dieses Haus konnte er nur mit dem Ruderboot über den Eidsvatnetsee erreichen. Dort entstanden die gedanklichen Vorarbeiten zum „Tractatus logico-philosophicus" und zu den „Untersuchungen". Nach dem Tod Wittgensteins im Jahre 1951 wurde das Haus abgerissen. 2019 ist es Originalplänen folgend auf den noch vorhandenen Fundamenten wieder aufgebaut worden. Dazu wurden, soweit noch vorhanden, Bretter und Balken des Originals verwendet (Heim 2019). Das replizierte Haus ist zu einem Besuchermagnet der Bewunderer Wittgensteins geworden.

Schloss Neuschwanstein

Dieses als mittelalterliche Burg firmierende bayerische Schloss wurde 1869 gebaut und ist somit nicht antik. Neuschwanstein ist eine große Touristenattraktion (Abb. 3.2).

Die Burg ist mit bis zu 6000 Besuchern pro Tag und 1,5 Millionen Besuchern pro Jahr die größte touristische Attraktion in ganz Bayern und darüber hinaus. Ein wichtiger Grund für die hohe Besucherzahl ist das den Erwartungen entsprechende Gebäude einer schönen mittelalterlichen Burg. Wichtig ist der ungewöhnliche Bauherr, der bayerische König Ludwig II, der für das Schloss Unsummen an Steuergeldern ausgab und

Abb. 3.2 Schloss Neuschwanstein. (Quelle: Pexels, Pixabay)

deshalb auch abgesetzt wurde. Schließlich trägt auch die nahe Verbindung dieses Königs zu Richard Wagner und seinen mittelalterlich orientierten Opern wie Siegfried oder Tannhäuser zur großen Attraktivität bei.

Berlin und andere deutsche Städte

In Berlin wird das 1442 erbaute und vom kommunistischen Regime im Jahre 1950 abgerissene Stadtschloss wieder aufgebaut. Die Rekonstruktion beschränkt sich auf die Front, während die dahinter liegenden Teile moderner Architektur entsprechen.

Im Zweiten Weltkrieg sind viele deutsche Städte durch Bombardierungen stark beschädigt worden. Einige Städte waren danach kaum mehr zu erkennen. Ein Beispiel ist Nürnberg, wo 95 % der Altstadt zerstört wurde oder Berlin, wo 70 % der Gebäude völlig zerbombt wurden. Beide Städte sind heute wieder zu einer großen Touristenattraktion geworden. Auch die mittelalterlichen Viertel von Frankfurt am Main wurden im Krieg weitgehend zerstört. Von 2014 bis 2018 ist ein Teil der Häuser wieder dem originalen Zustand entsprechend aufgebaut worden (Pietersen 2006). Diese Gebäude sind von der Bevölkerung gut aufgenommen worden und werden von vielen Touristen besucht.

Imitationen in den Vereinigten Staaten
Die hier vorgeschlagenen Neuen Originale könnten als eine Weiterentwicklung der verschiedenen Disneylands angesehen werden. Auch dort sind einige kulturelle Sehenswürdigkeiten nachgebaut worden, wenn auch oft in kleinerem Format und ohne historischen Kontext.

Im amerikanischen Las Vegas ist der Canal Grande mit Gondeln und Gondolieri sowie der Dogenpalast verkleinert nachgebaut. Kopien des Eiffelturms stehen in den Vereinigten Staaten u. a. in Las Vegas, Mason, Orlando, Paris/Texas und Paris/Tennessee, allerdings jeweils in kleinerer Größe (Abb. 3.3).

Abb. 3.3 Kopie des Eiffelturms in Las Vegas. (Quelle: skeeze, Pixabay)

Im „Holy Land Experience" in Orlando, Florida, wird fünfmal in der Woche die Leidensgeschichte Christi live vorgeführt, inklusive Geißelung, (künstlichem) Blut und Kreuzigung. Christus wird dabei durch einen Schauspieler verkörpert (Schader und Aeby 2019).

Die fundamentalen Unterschiede zu den hier vorgeschlagenen Neuen Originalen sind offensichtlich. In den Disneylands, dem chinesischen Freizeitpark „Window of the World" und anderen Themenparks wird eine große Zahl von Sehenswürdigkeiten nebeneinander gepackt. In Macau hat man sich immerhin bemüht, die Imitation Venedigs besser zu gestalten als in Las Vegas. Bei diesen Angeboten werden die Besucher jedoch nicht mit der Kultur und Geschichte einer Sehenswürdigkeit vertraut gemacht. Die Besucher tauchen nicht in die Atmosphäre der Kulturstätte ein; vielmehr steht ein oberflächlicher Konsum im Vordergrund.

Imitationen in China

Große Aufmerksamkeit erregt hat das Hauptquartier des riesigen Digitalkonzerns Huawei im chinesischen Dongguan bei Shenzhen, einer Stadt nahe Hongkongs Sonderverwaltungszone. Der Konzern baute eine neue Universität für seine Angestellten und errichtete auf einer Fläche von neun Quadratkilometern verschiedene Wahrzeichen von zwölf europäischen Städten wie Paris, Rom, Brügge, Heidelberg oder Budapest, allerdings in kleinerem Format als das Original.

In Shenzhen werden in einem Vergnügungspark über hundert Kopien der am meisten besuchten Touristenattraktionen gezeigt; wiederum in kleinerem Format. 2012 wurde die Tower Bridge Londons kopiert, mit vier statt zwei Türmen. Größere Schiffe können aber nicht unter der Tower Bridge durchfahren, weil die Brücke keinen Hebemechanismus hat.

Im ehemals portugiesischen und jetzt chinesischen Macau ist im größten Hotel der Welt, dem „Venetian", der Dogenpalast originalgetreu und in gleicher Größe kopiert worden (Abb. 3.4). Allerdings gilt dies nur für das Äußere; hinter der Fassade des Hotels liegen große Hallen für Glücksspieler. Zusätzlich befindet sich im Inneren ein (kleiner) Teil des Canal Grande mit Gondeln und singenden Gondolieri.

Verschiedene Orte in China haben den Eiffelturm von Paris imitiert, aber durchwegs in kleinerem Format. Der Eiffelturm in Hangzhou süd-

Abb. 3.4 Kopie des Dogenpalastes in Macau. (Quelle: Bruno S. Frey)

westlich von Shanghai ist zum Beispiel 108 Meter hoch, was nur einem Drittel der Höhe des Originals entspricht.

Auch das Schloss Neuschwanstein wurde in China kopiert.

In Changde, einer Provinzstadt mit sechs Millionen Einwohnern, ist ein „deutsches Viertel" errichtet worden, das sich an der niedersächsischen Landeshauptstadt Hannover orientiert.

Die Titanic wird in einer luxuriösen Hotelanlage in Sichuan in Originalgröße nachgebaut. Das 269 Meter lange Schiff dient als Hotel, wird ständig vor Anker liegen und nie ablegen (Joost 2019). Daneben sind Kopien verschiedener Kirchen Venedigs und mittelalterlicher Burgen angesiedelt.

Die Kopien in China stellen etwas ganz anderes dar als die hier vorgeschlagenen Neuen Originale. Sie sind selten in ursprünglicher Größe, sind wenig präzise nachgebaut und vermitteln nur ungenügend die künstlerischen und historischen Bezüge zu den originalen Kulturstätten. Die Besucher tauchen nicht in die Welt der dargestellten Kulturstätten ein, sondern es wird ihnen eine kurzfristig wirksame Unterhaltung angeboten. Die Kopien dienen nur als Kulissen ohne Anspruch auf kulturelle oder künstlerische Bedeutung, zeigen aber die heutigen Möglichkeiten und die Umsetzbarkeit auf.

Ballenberg, Freilichtmuseum der Schweiz

In diesem in der Nähe von Brienz im Berner Oberland gelegenen Freilichtmuseum sind über hundert historische Gebäude aus allen Teilen der Schweiz original wieder aufgebaut worden. Oft handelt es sich um Bauernhäuser. Zur näheren Illustration wird auch traditionelles Handwerk vorgestellt. Außerdem führt das angegliederte Landschaftstheater Ballenberg Theaterstücke in historischer Kulisse auf. Im Jahre 2008 hatte das Museum rund 300.000, 2017 jedoch nur noch 200.000 Besucher, was zu finanziellen Problemen führte. Das Museum gilt offensichtlich unter ausländischen Touristen bisher nicht als Möglichkeit, an einem Ort unterschiedliche Bauweisen der Schweiz kennenzulernen.

Swissminiatur

Im Kanton Tessin, in Melide bei Lugano, befindet sich das Swissminiatur. Es enthält im Maßstab 1:25 über 130 detailgetreue Modelle von Patrizierhäusern, Kirchen, Burgen, Denkmälern und anderen sehenswerten Bauten der Schweiz. Daneben bewegen sich 18 Züge, dazu einige Zahnrad-, Drahtseil- und Schwebebahnen sowie Modellschiffe. Die Schweiz kann im Zeitraffer erkundet werden. Die Besucher finden auch ein Selbstbedienungsrestaurant sowie einen Andenkenladen. Jährlich wird Swissminiatur von rund 200.000 Menschen besucht.

Minimundus in Klagenfurt

Im Minimundus am Wörthersee in Kärnten werden 159 Miniaturmodelle von bekannten Bauwerken sowie von Zügen und Schiffen im Maßstab 1:25 gezeigt. Der Vergnügungspark wird den Besuchern als „in einem Tag um die Welt" angepriesen. Ein Drittel der gezeigten Bauten befinden sich in Österreich, wie etwa die Wiedergabe des Grazer Schlossbergs mit dem Uhrenturm. Im Zentrum steht die neunstufige Maya-Pyramide El Castillo von Chichén Itzá, Mexiko. Weitere Bauwerke sind etwa der Petersdom in Italien, Abu Simbel in Ägypten oder das Taj Mahal in Indien. Seit der Gründung in Jahre 1985 wurden 15 Millionen Besucher gezählt.

4

Was lässt sich gegen Neue Originale einwenden?

Gegen den Vorschlag Neuer Originale lassen sich verschiedene Argumente anführen. Manche von ihnen werfen berechtigte Fragen auf. Einige der Gegenargumente sind durchaus legitim. Dennoch sollte eine Kritik an meinem Vorschlag immer mit den *gegenwärtigen* Bedingungen verglichen werden, denen Bewohner und kulturell interessierte Touristen ausgesetzt sind: Überfüllung, Gedränge, lange Warteschlangen, Unmöglichkeit einer Annäherung an die Kunstwerke, Lärm, Vandalismus, Kriminalität, Betrug und ungebührliches Verhalten. Darüber hinaus sollte man die Zukunftsaussichten berücksichtigen, die ein düsteres Bild malen. Die bisherigen Maßnahmen scheinen kein geeignetes Mittel parat zu haben, diese Aussichten zu verbessern.

4.1 „Original" und „Neues Original"

Gegen Neue Originale lässt sich vor allem einwenden, dass kulturell interessierte Touristen das ursprüngliche Original und nicht eine Kopie des Kulturguts besuchen wollen.

Der Unterschied zwischen Original und Kopie ist Gegenstand eines der bekanntesten Gedankenexperimente der Philosophie, dem „Schiff des Theseus". An einem Schiff müssen über die Jahre immer wieder Teile ersetzt werden. Wohl alle sind sich einig, dass, wenn nur eine einzelne Planke ersetzt wird, es sich immer noch um dasselbe Schiff handelt. Es hat sich zwar leicht verändert, ist aber immer noch das Schiff von Theseus. Gilt dies auch noch, wenn über längere Zeit immer wieder weitere Teile erneuert werden müssen – bis das Schiff schließlich komplett aus neuem Material besteht? Diese Frage wird in der Philosophie noch immer intensiv diskutiert.

Die Vorstellung, kulturell interessierte Touristen möchten nur das ursprüngliche Original und nicht eine Nachbildung in gleicher oder ähnlicher Form besuchen, lässt sich mit verschiedenen Argumenten entkräften.

Vielfach lässt sich von den Besuchern der ursprüngliche Zustand nicht mehr von späteren Ergänzungen unterscheiden. Ein Beispiel dafür ist der Campanile auf dem Markusplatz in Venedig. Er ist in den Jahren 888-911 errichtet und bis 1517 immer wieder umgestaltet worden. Dieser Turm ist im Jahre 1902 eingestürzt, danach aber wieder in der gleichen Weise aufgebaut worden. Der heute sichtbare Turm stammt aus dem Jahre 1912. Sicherlich sind sich die wenigsten Touristen dessen bewusst. Selbst wenn sie es wären, spielte dies wohl kaum eine Rolle.

Viele Kunsthistoriker bezweifeln, ob eine scharfe Trennung zwischen „Original" und „Kopie" aufrechterhalten werden kann (vgl. Frey 2003, Kap. 12 mit vielen Quellenangaben). Für Kulturstätten, insbesondere historische Städte, ist es unmöglich, einen „originalen" Zustand festzuschreiben. Ein Kunstwerk verändert sich notwendigerweise im Verlauf der Zeit: Manche alten Bauten zerfallen oder werden (was häufiger geschieht) abgerissen; immer wieder werden neue Bauwerke errichtet. Damit verändert sich das „Original" je nach Zeitpunkt, in dem es betrachtet wird. Dies gilt selbst für einzelne Objekte. Das ursprüngliche Grabmal des Tutanchamun wurde im Laufe der Zeit von einer dünnen Staubschicht bedeckt. Die kürzlich durchgeführte perfekte Replikation des Grabmals hat diesen Zustand übernommen. Das ursprüngliche Grabmal wurde hingegen sorgfältig gereinigt und präsentiert sich heute anders als zuvor (Wong und Quintero 2019). Welcher Zustand sollte nun als das

4 Was lässt sich gegen Neue Originale einwenden?

„Original" angesehen werden? Diese Frage ist müßig. Ein „Original" ist auch immer ein Produkt seiner Zeit. Können Mozarts Werke nur auf echten alten Instrumenten authentisch aufgeführt werden? Das sind alles Aspekte, die keine eindeutige Differenzierung zwischen Kopien und Originalen zulassen.

Die hier propagierten Neuen Originale vermögen den Zustand in den verschiedenen Perioden zu dokumentieren, was als großer Vorteil angesehen werden kann. So kann die Stadt Venedig mithilfe virtueller Techniken zu verschiedenen Zeitpunkten dargestellt werden (was auch das Projekt der „Venice Time Machine" anstrebt, vgl. Hafner 2019). Auf diese Weise erfahren die Besucher eines Neuen Originals, wie sich eine Kulturstätte im Verlauf der Zeit verändert, was ihnen zusätzlichen Nutzen bringt. Die Auswirkungen des Übertourismus auf die Originale könnten ebenfalls in die (moderne) Geschichte mit aufgenommen werden. Dadurch würden Ansätze wie Appelle oder Bildung in das Konzept der Neuen Originale integriert und damit von Reisen zu den ursprünglichen Originalen abhalten.

Eine Kritik an der Verherrlichung von „Originalen" geht noch weiter. Es wird argumentiert, die Disneylands, welche bestimmte Objekte der Vereinigten Staaten replizieren (z. B. Straßenzüge des Wilden Westens) seien realer als das „reale" Objekt (Baudrillard 1994) Sie spiegeln das „wahre" Amerika wider. Dieses Argument könnte auch für viele andere Kunststätten gelten.

Kopien werden häufig auch verwendet, um Originale vor einer Zerstörung zu bewahren. Damit wird das historische Erbe erhalten. So wurden die englischen Kronjuwelen gegen Kopien ausgetauscht, nachdem die IRA im Juli 1974 einen Anschlag auf den Tower von London verübt hatte.

Viele antike Kopien werden heute hoch geschätzt. Die wunderbare Skulptur der „Aphrodite (oder Venus) von Knidos" in den Kapitolinischen Museen ist kein Original von Praxiteles aus den Jahren 350–340 v.Chr., sondern eine viel spätere römische Kopie. Das gleiche gilt für den bekannten „Diskuswerfer" von Myron im Museo Nazionale Romano, welcher ebenfalls aus römischer Zeit stammt. Das weltberühmte Gemälde des „Letzten Abendmales" in der Kirche Santa Maria Delle Grazie in Mailand ist so oft renoviert und übermalt worden, dass es beinahe unmöglich ist, darin die Hand des genialen Leonardo da Vinci zu erkennen. In der Renaissance kopierte der junge Michelangelo eine Skulptur seines Lehrers Domenico Ghirlandaio. Diese Arbeit wurde nicht als Frevel oder als von geringerer Qualität betrachtet, sondern als Triumph angesehen, der dem Künstler einen Platz unter den großen Bildhauern seiner Zeit und weit darüber hinaus verschaffte.

Keine der bisher erwähnten kulturellen Städte und Sehenswürdigkeiten sind in dem Sinne „original", dass sie sich nicht im Laufe der Zeit gewandelt hätten. Viele Kulturdenkmäler sind zusammengebrochen oder durch äußere Einwirkungen zerstört worden. Moderne Künstler wie René Magritte oder Salvador Dalí haben den Unterschied zwischen Original und Kopie bewusst zerstört, um gegen die Last der Vergangenheit zu revoltieren.

Mein Vorschlag der Neuen Originale verwendet die Kopien zu einem anderen Zweck, nämlich ansonsten wenig informierte und involvierte Touristen an die kulturellen Schätze der Menschheit heranzuführen. Immer wieder neue Einflüsse aufzunehmen und zu verarbeiten, ist ein wesentliches Merkmal einer richtig verstandenen Kunst.

Es kann weiter argumentiert werden, dass auch Touristen, die weniger an kulturellen Hintergründen interessiert sind, ihre Selfies am Originalort schießen möchten. Sie wollen ihren Freunden und Followern zeigen, dass sie tatsächlich vor Ort waren. Sie suchen Reiseziele auf, die auch von möglichst vielen anderen Touristen besucht wurden. Sie wollen die gleichen Aufnahmen machen wie sie zuvor schon millionenfach gemacht wurden. Bereits überfüllte Orte werden dadurch noch stärker überfüllt.

Wenn jedoch die Orte mit Neuen Originalen allgemein bekannt und geschätzt werden, lassen sich Freunde und Follower auch durch deren Besuch beeindrucken. Schließlich senden auch heute viele Personen ihre Selfies aus dem Europapark oder aus Macau, obwohl dies nicht die „Originalorte" sind. Vielleicht sind sogar digitale Nachrichten aus neu geschaffenen und ungewöhnlichen Kulturorten besonders attraktiv.

4 Was lässt sich gegen Neue Originale einwenden? 67

Neue Originale von Kulturstätten, die durch Filme, Fernsehserien und Videos weltberühmt werden, können für Touristen besonders attraktiv sein. Diese Personen kennen diese Orte nur virtuell und werden deshalb möglicherweise gut zugängliche und besonders besucherfreundlich präsentierte Replikationen vorziehen. Für sie macht es wenig Unterschied, ob sie zum Beispiel die Drehorte der Fernsehserie „Game of Thrones" in Dubrovnik oder ein Neues Original in dessen Nähe besuchen. Ähnliches gilt für das Städtchen Hallstatt, das durch den Film „Die Eisprinzessin" allgemein bekannt wurde. Viele, auch kulturell interessierte Touristen, schauen sich gerne Filmstudios an, in denen berühmte Filme gedreht wurden. Dies gilt nicht nur für Studios in Hollywood. Die marokkanische Stadt Ouarzazate wird beispielsweise von einer großen Zahl von Touristen besucht, weil dort Teile der Filme „Lawrence of Arabia", „Gladiator", „Kundun" oder „Asterix und Obelix: Mission Kleopatra" gedreht wurden (Abb. 4.1).

Abb. 4.1 Filmkulisse in Ouarzazate in Marokko. (Quelle: Bruno S. Frey)

4.2 Atmosphäre und Akzeptanz fehlen

Gerade kulturell interessierte Touristen legen großen Wert auf die Atmosphäre, in der sich die Sehenswürdigkeiten befinden. Ein wichtiger Bestandteil dabei ist das Leben der einheimischen Bevölkerung, das möglichst unverfälscht durch die Touristen erlebt werden will. Der Authentizität einer Kulturstätte wird große Bedeutung zugemessen.

In der heutigen Zeit des Massentourismus ist an vielen, wenn nicht den meisten Orten, die erwünschte Atmosphäre allerdings nicht mehr spürbar. Die Touristen wälzen sich in großer Zahl durch Orte wie Venedig, Dubrovnik oder Rothenburg ob der Tauber. Sie treffen keine Einheimischen mehr, die ihren gewohnten Tätigkeiten nachgehen und sich etwa in den Bars oder Gaststätten treffen, Kinder, die auf den Straßen spielen, oder Jugendliche, die sich miteinander vergnügen. Ausgenommen sind nur die wenigen Einheimischen, die noch im Tourismussektor tätig sind. Diese haben jedoch andere Aufgaben, als sich unvoreingenommen und unbeschwert mit Touristen zu unterhalten. Touristen sehen nur noch andere Touristen (D'Eramo 2018) und es ist wahrscheinlicher, mit einem Bekannten aus der eigenen Heimat als mit einem Einheimischen ins Gespräch zu kommen.

Ein Neues Original kann die ursprüngliche Authentizität einer Kunststätte mindestens teilweise wieder herstellen. Aus diesem Grund sollten die Neuen Originale möglichst nahe bei den ursprünglichen Orten erstellt werden. Im Falle der Höhlen von Altamira, Lascaux und Chauvet mit ihren prähistorischen Malereien wurden die Kopien wenige hundert Metern entfernt errichtet. Auch die Replikation der Grabstätte von Tutanchamun im Tal der Könige ist nur drei Kilometer vom Original entfernt. Alle äußerlichen Faktoren wie die Landschaft, das Wetter oder die lokale Sprache sind damit identisch mit den Bedingungen des Originals. Auf diese Weise kann das Neue Original für die Besuchenden authentisch wirken.

Noch wichtiger ist jedoch, dass die Touristen mittels moderner virtueller Technik in die Kultur und Geschichte eines Ortes einbezogen werden und darin eintauchen. Damit wird den Besuchenden ein zusätzliches Erlebnis angeboten. Sie fühlen sich in eine neue Welt versetzt – im

Gegensatz zu den vielen Touristen, die zwar eine Kunststätte aufsuchen, aber kaum eine Vorstellung von deren Geschichte oder deren kulturellen Bedeutung haben.

Ist ein Neues Original erfolgreich, werden die ursprünglichen Orte weniger überfüllt sein. Die einheimische Bevölkerung, die noch im Ort wohnt, kann wieder vermehrt ihr normales Leben aufnehmen. Damit wird auch dort die Atmosphäre für Kulturtouristen wieder angenehmer.

4.3 Für Selfie-Touristen uninteressant?

Manche Besucher von Touristenorten sind nicht an den Kulturstätten an sich interessiert, sondern wollen vor allem ihren Freunden und Bekannten in den sozialen Medien mitteilen, dass sie einen in ihren Kreisen beliebten Ort besucht haben. Sie belegen diesen Besuch mit Selfies. Die besuchte Kultur und Geschichte eines Ortes interessiert bestenfalls am Rande.

Zu dieser Gruppe gehören vor allem die große Zahl asiatischer Touristen, allen voran solche aus China, aber zunehmend auch junge Besucher aus Europa, die in der digitalen Welt aufgewachsen sind, also „digital natives", sind. Diese Gruppe von Personen, die einen erheblichen Anteil aller heutigen Touristen ausmacht, betrachtet den Besuch einer Kulturstätte als erledigt, als „abgehakt", wenn ein Selfie gut gelungen ist (wie es auf Englisch heißt: „been there, done that") (Neuhaus 2019). Eine erhebliche Rolle spielen auch die Influencer, die ihre Follower auf bestimmte Kulturstätten hinweisen und sie dazu bewegen, diese aufzusuchen und dies auch mittels Selfies ihren Familien und Freunden zu dokumentieren.

Am Originalort ist es häufig schwierig, ein Selfie zu schießen, auf dem ein Bauwerk des besuchten Ortes so sichtbar ist, dass die Freunde und Bekannten dies auch sofort erkennen. Dazu ist eine Position vor einem in der Internetwelt berühmten Kennzeichen eines Ortes entscheidend. Dieses Bedürfnis haben jedoch alle Mitglieder derartiger Gruppen, so dass häufig eine geeignete Position für ein Selfie ganz besonders überfüllt ist. Es entsteht ein Gedränge, damit man neben dem gesuchten Bauwerk selbst auch gut sichtbar ist. Genau dieses Phänomen lässt sich im bereits erwähnten norwegischen Trolltunga beobachten. Auch hier hat Instagram einen unglaublichen Anstieg von 1000 auf 100.000 Touristen in nur fünf Jahren herbeigeführt. Was die auf Instagram geteilten Bilder allerdings nicht zeigen, sind die langen Warteschlangen für solch ein Foto. Mittlerweile müssen sich Touristen auf eine Wartezeit von 60 bis 90 Minuten einstellen (Pitrelli 2019).

Diese Funktion können replizierte Kulturstätten möglicherweise sogar besser als der ursprüngliche Ort erfüllen. In einem Neuen Original werden besondere Vorkehrungen getroffen, dass Selfies einfach und besonders wirkungsvoll geschossen werden können. So kann am Boden derjenige Punkt markiert werden, der sich für ein Selfie besonders gut eignet. Der Besucher einer dieser Orte kann mit Fug und Recht behaupten, dass er die entsprechende Stätte besucht hat – auch wenn es eine Replikation ist. Entscheidend ist vielmehr, ob die Nachricht über den Besuch bei den Freunden und Bekannten gut ankommt und bewundernd zur Kenntnis genommen wird. Das hängt auch von der Qualität der Neuen Originale ab, da im Idealfall Freunde und Bekannte den Unterschied überhaupt nicht erkennen können.

Zudem können die typischen Schilder, die an vielen sensiblen Kulturstätten anzutreffen sind, mit der Aufschrift „Keine Fotos" bedenkenlos gegen „Bitte schießen Sie so viele Fotos wie Sie nur können" ausgetauscht werden. Das würde selfiebegeisterten Touristen ganz neue Möglichkeiten eröffnen und den Nutzen der Neuen Originale weiter steigern. Vielleicht reizt ein, bisher unmögliches, Selfie mit Ötzi in Bozen oder mit dem Pharao Tutanchamun in Luxor Kulturuninteressierte genug, um diese Gelegenheit zu nutzen und sich möglicherweise auch noch mit den anderen Facetten des Neuen Originals auseinanderzusetzen.

5

Welche Probleme stellen sich?

Neue Originale erfolgreich zu schaffen, bedarf erheblicher finanzieller Mittel, aber vor allem wird dafür auch Initiative, Durchsetzungskraft, Originalität und ein gutes Gespür für Design benötigt. Dementsprechend ist eine Zusammenarbeit von Spezialisten verschiedenster Disziplinen notwendig. Bei der replizierten Grabstätte von Tutanchamun waren mindestens sieben verschiedene Professionen beteiligt. Archäologen, Umweltingenieure, Mikrobiologen, Spezialisten für die digitale Aufzeichnung, Architekten, Designer und Konservatoren waren involviert. Diese Kombination hat eine originalgetreue Replikation ermöglicht (Wong und Quintero 2019).

5.1 Welche Organisationsformen sind sinnvoll?

Neue Originale können durch private Unternehmer geschaffen werden, vorausgesetzt sie bringen die erforderlichen finanziellen Mittel auf. Der nötige Aufwand hängt entscheidend von der Größe eines Neuen Originals ab. Werden Teile einer Stadt wie Venedig kopiert und an einer anderen Stelle aufgebaut und die damit zusammenhängenden digitalen Techniken eingesetzt, ist selbstverständlich ein hoher Ressourcenaufwand erforderlich. Besonders ausgeprägte unternehmerische Fähigkeiten sind unentbehrlich. Werden hingegen einzelne Kulturstätten oder sogar nur einzelne Kulturdenkmäler repliziert, hält sich der Aufwand in Grenzen.

In vielen Fällen dürfte eine Partnerschaft mit dem Staat (Public-Private-Partnership) vorteilhaft sein. Angestellte in öffentlichen Institutionen, insbesondere Museen, verfügen über vielfältige Kenntnisse, die sinnvoll eingesetzt werden können. Eine Zusammenarbeit mit dem Staat, vor allem auf lokaler und regionaler Ebene, ermöglicht es auch, ansonsten schwer zu überwindende administrative Hindernisse zu meistern. Mit der Errichtung von Neuen Originalen können auch gewisse Copyrightprobleme entstehen, die bei einer Partnerschaft mit dem öffentlichen Sektor zumindest teilweise entfallen. In den meisten Ländern erlöschen die Verbote, historische Bauten zu kopieren, nach Ablauf von 100 Jahren nachdem sie erstellt wurden. Damit entfallen die rechtlichen Einschränkungen für Neue Originale.

5.2   Gibt es geeignetes Land?

Ein größeres Projekt zur Errichtung eines Neuen Originals erfordert eine freie Landfläche, welche für die zu erstellende Kulturstätte angemessen ist. Soll etwa Venedig repliziert werden, ist eine Insel oder ein Gelände am Meer oder an einem großen See vorteilhaft. Zugleich müssen Neue Originale für Touristen leicht erreichbar sein, wofür vor allem ein guter Anschluss an den öffentlichen Verkehr wichtig ist.

Grundsätzlich können Neue Originale an einem beliebigen Ort platziert werden. In Frage kommen nicht nur Gelände in der Nähe der ursprünglichen Orte, wie das bei Altamira und Lascaux der Fall ist. Dies könnte auch in einem anderen Land oder gar Kontinent geschehen. Wie bereits erwähnt, ist es allerdings von Vorteil, wenn die Neuen Originale in einer Umgebung errichtet werden, die atmosphärisch nahe verwandt ist. Es ist sicherlich schwieriger, ein für Touristen attraktives neues Venedig irgendwo in Australien oder Indien anzusiedeln als in der näheren Umgebung der heutigen Stadt. Besonders deutlich wird dieses Erfordernis, wenn die wichtigsten baulichen Kunstwerke mehrerer norditalienischer Städte an einem einzigen Ort wiederaufgebaut werden sollen, wie später in diesem Buch vorgeschlagen wird.

Ein identisches Kopieren von Neuen Originalen kann zu aufwendig oder gar unmöglich sein. Allerdings können heute mit der 3-D-Technik weit besser als früher Kunstwerke und Bauten repliziert werden, so dass kein Unterschied mehr festgestellt werden kann. In einigen Fällen spielt auch die umgebende Landschaft eine wichtige Rolle, so dass die Möglichkeiten für Neue Originale beschränkt sind. Einer Landschaft kann man sich jedoch oft mithilfe von virtuellen Verfahren gut annähern.

Zwischen einer Kopie von Bauten einer Kulturstätte und deren nur virtuellen Wiedergabe gibt es viele Zwischenlösungen. So kann ein Teil einer Kulturstätte identisch nachgebaut werden und der restliche Teil virtuell reproduziert werden. Für Betrachter sind die Übergänge zwischen den beiden Möglichkeiten oft kaum noch sichtbar. Je teurer eine identische Replikation von Bauwerken ist, desto eher bietet sich eine virtuelle Rekonstruktion an. Das Mischverhältnis hängt somit von den relativen Kosten der beiden Möglichkeiten ab.

5.3 Sind bereits bestehende Kopien eine Konkurrenz?

Die in China und anderswo bereits errichteten Kopien von Kulturstätten können es unnötig machen, die hier vorgeschlagenen Neuen Originale in der Nähe der ursprünglichen Kulturstätte zu besuchen. Dagegen sind zwei Argumente anzuführen:

Erstens sind die bisher existierenden Kopien auf einem deutlich geringeren technischen Niveau als die für die Neuen Originale vorgesehenen Kopien. So ist beispielsweise das in einem Hotel in Las Vegas dargestellte Venedig in einem für jeden Besucher sofort sichtbaren, deutlich geringeren Format und auch handwerklich wenig sorgfältig gestaltet. Der nachgebaute Canal Grande ist in Las Vegas nur klein und entspricht in keiner Weise dem Original. Die Kopien werden nicht durch moderne Techniken der virtuellen Realität ergänzt.

In Macau ist im Hotel „Venetian" ebenfalls ein Teil Venedigs nachgebildet. Die Front des Dogenpalastes ist in ganzer Größe und mit hoher Präzision als Fassade des Hotels nachgebildet. Dahinter schließt sich dann unmittelbar die riesige Zahl der Spielsäle an. Auch die Rialtobrücke ist nachgebildet, allerdings wird damit eine Straße mit vielen Autos und Bussen überquert. Der Canal Grande wird innerhalb des Hotels als kurzes Rinnsal dargestellt, auf dem sich singende Gondolieri bewegen. Wohl kaum ein Besucher glaubt, damit das „wahre" Venedig zu sehen und zu erleben. Dennoch drängen sich viele Personen auf eine Gondel; es bilden sich dafür sogar Warteschlangen.

Etwas näher an den hier vorgeschlagenen Neuen Originalen ist das in China kopierte österreichische Städtchen Hallstatt in der südchinesischen Provinz Guangdong. Der Ortskern mit Kopien der Kirche, des Brunnens und weiterer Bauten ist ebenfalls an einem See nachgestaltet.

Zweitens werden die bisher existierenden Kopien von Kulturstätten gar nicht, oder nur unzureichend, mit virtueller Technik ergänzt. Die Kultur und Geschichte eines Ortes wird den Besuchern bestenfalls auf oberflächliche Weise vermittelt. Der hier gemachte Vorschlag Neuer Originale weicht davon wesentlich ab: Die Besucher sollen in die Kulturstätte eintauchen und damit ein Erlebnis genießen können, das nicht allein durch eine Kopie einiger Gebäude und anderer Merkmale erreicht werden kann.

5.4 Werden die Originale dennoch überschwemmt?

Ein Neues Original könnte Besucher ermuntern, später die originale Kulturstätte zu besuchen. In diesem Falle würden die Replikation und das Original keine Substitute sein, sondern sich sogar ergänzen. Der kulturelle Übertourismus würde noch stärker angeheizt. Einige Touristen werden sicherlich das Original in der Zukunft einmal besuchen, was als positiv zu bewerten ist: Die Neuen Originale können bei bisher der Kultur fernstehenden Personen die Sehnsucht wecken, auch den ursprünglichen Ort im Original zu erleben.

Ein vermehrter Andrang auf die originalen Kunststätten ist jedoch aus mehreren Gründen nicht zu erwarten: Manche Touristen aus anderen Kontinenten, die ein Neues Original besucht haben, werden nur einmal nach Europa reisen und deshalb keine Gelegenheit haben, die Originalorte zu sehen. Viele Touristen werden mit dem Neuen Original zufrieden sein und wollen deshalb die ursprüngliche Kulturstätte auch in Zukunft nicht sehen wollen. Vielmehr werden sie andere Kulturstätten aufsuchen, von denen es ja auf der Welt eine große Zahl gibt. Zudem ist auch eine umgekehrte Wirkung denkbar. Wer das Original gesehen hat, kann durchaus auch die mittels virtueller Technik spannend gestalteten Neuen Originale besuchen. Diejenigen Personen, denen diese besser als die ursprünglichen Kulturstätten gefallen, werden in Zukunft auch Replikationen anderer Kulturstätten besuchen. Damit werden die Originalorte weniger überlaufen und der kulturelle Übertourismus wird eingedämmt.

5.5 Widerstand aus der Politik

Neue Originale werden trotz der großen Vorteile nicht von allen Personen und Gruppen in der Gesellschaft willkommen geheißen. Vielmehr ist von manchen Seiten ein starker Widerstand zu erwarten.

Den lokalen Anbietern kommerzieller Leistungen drohen Umsatz- und Gewinnverluste, weshalb sie sich zur Wehr setzen werden. Betroffen sind Hotels und Restaurants, Souvenirläden und andere von Touristen frequentierte Geschäfte, Wohnungsvermieter (insbesondere auch lokale Besitzer von Wohnungen, die sie kurzfristig, z. B. über Airbnb, vermieten und daraus hohe Einnahmen erzielen) und Parkplatzbewirtschafter. Die damit verbundenen negativen externen Effekte vernachlässigen sie, weil es sich weitgehend um öffentliche Güter handelt, die alle lokalen Anbieter betreffen. So wird etwa ein Souvenirladen verminderte Besucherströme nicht begrüßen, selbst wenn dadurch der Lärm reduziert und die Sauberkeit des Ortes verbessert würde. Wenn andere Touristikanbieter nicht mitziehen, wird die lokale Situation kaum oder gar nicht verbessert. Entscheidend ist, ob die anderen Anbieter von kommerziellen Leistungen ebenfalls mit eingeschränkten Touristenzahlen einverstanden wären. Selbst wenn sie dies mittels einer kollektiven Aktion wären, stellt sich immer noch die Frage, ob insgesamt die Verbesserungen infolge höherer Lebensqualität, geringeren Lärms und größerer Sauberkeit die Gewinnverluste überwiegen. Dabei sollte nicht übersehen werden, dass viele kommerzielle Anbieter nicht am Ort ansässig sind und deshalb wenig Gewicht auf die Lebensqualität der dortigen Einwohner legen.

Widerstand gegen Neue Originale ist auch von den Beschäftigten in den Kulturstätten zu erwarten. Sie befürchten ihre Anstellung zu verlieren. Demgegenüber werden diejenigen, die möglicherweise in den Neuen Originalen eine Beschäftigung finden werden, politisch weniger aktiv sein, weil dies bestenfalls in der Zukunft geschehen wird und sie (noch) nicht organisiert sind.

Umweltschützer können sich gegen Neue Originale wenden, wenn diese natürliche, bisher frei stehende Flächen beanspruchen. Allerdings ist ihnen entgegenzuhalten, dass die erstellten Neuen Originale ökologisch besonders günstig ausgestattet sind und die Besucher weniger Umweltschäden verursachen. Im Gegensatz dazu sind die Originalorte in vielerlei Hinsicht ökologisch ungünstig, weil sie in vergangenen Jahrhunderten erstellt wurden. Dies gilt nicht nur für die Umweltschäden infolge von Heizungen im Winter und Kühlungen im Sommer, sondern auch für die Sammlung und Reinigung des Abwassers. In dieser Hinsicht befinden sich manche Kunststätten in einem bedenklichen Zustand; Neue Originale stellen im Vergleich dazu einen großen Fortschritt dar.

Gegen Neue Originale werden sich auch manche Verteidiger von Kulturstätten wenden, so wie sie etwa auf der Liste des Weltkulturerbes aufgeführt sind. Der Aufbau einer Replikation an anderer Stelle wird entschieden abgelehnt, weil die historische Substanz als einmalig angesehen wird. Diese Neuen Original zu erstellen und mittels virtueller Technologie anzureichern, wird als Blasphemie empfunden. Dabei wird außer Acht gelassen, dass es verfehlt ist, eine bestehende Kunststätte als unveränderlich zu betrachten. Dazu gibt Paris ein gutes Beispiel. Als der Eiffelturm zum 100. Jahrestag der Französischen Revolution für die Weltausstellung im Jahre 1889 erbaut wurde, regte sich ein starker Widerstand der intellektuellen Elite gegen dieses als scheußlich erachtete Bauwerk. Zahlreiche Persönlichkeiten, darunter Charles Gounod, Alexandre Dumas, Charles Garnier und Guy de Maupassant waren entschiedene Kritiker und sahen den Turm als unnötig, lächerlich und ungeheuerlich an.

5 Welche Probleme stellen sich? 77

Als leidenschaftliche Liebhaber der bisher unangetasteten Schönheit von Paris protestierten sie im Namen des verkannten französischen Geschmacks (siehe Muscheler 2008). Die zur Schau gestellte Konstruktion des Turms aus Eisen ohne Fassade wurde als skandalös empfunden. Heute zählt der Eiffelturm mit rund 7 Millionen Besucher pro Jahr zu den bekanntesten Wahrzeichen der Welt. Er wird als Ikone der Architektur und der Ingenieurkunst angesehen. Für viele Touristen stellt der Eiffelturm die Essenz von Paris dar – entsprechend lang sind die Warteschlangen (Abb. 5.1).

Neue Originale könnten auch deshalb abgelehnt werden, weil dadurch ein „Zwei-Klassen-Tourismus" entstehen könnte: Die gebildeten und finanzkräftigen Touristen werden den Originalort besuchen; weniger gebildete und ärmere Personen müssen mit den Neuen Originalen vorliebnehmen. Diese Befürchtung ist jedoch wenig angebracht. Die Neuen Originale bieten zusätzliche Leistungen, die an den herkömmlichen Or-

Abb. 5.1 Warteschlange zum Besuch des Eiffelturms. (Quelle: PublicDomainPictures, Pixabay)

ten weitgehend fehlen. Insbesondere werden mittels erweiterter und virtueller Realität den Besuchern völlig neue Eindrücke zur Geschichte und Kultur vermittelt. Auch gebildete Touristen werden diese Zusatzleistungen annehmen. Neue Originale werden von ihnen auch wegen der leichteren Erreichbarkeit und den vermehrten Annehmlichkeiten geschätzt. Diese Vorteile sind nicht nur für Familien mit Kindern wichtig, sondern auch für Touristen, die eine kreative Neuschöpfung schätzen. Die Erfahrungen mit den Neuen Originalen der französischen und spanischen Höhlen (Lascaux, Altamira) und des Grabmals Tutanchamuns unterstützen diese Aussagen.

6

Wie können Neue Originale in die Wirklichkeit umgesetzt werden?

Das Konzept der Neuen Originale lässt sich für die unterschiedlichsten Kulturstätten anwenden. Es können einzelne Städte, verschiedene Städte, aber auch einzelne Kunstwerke kopiert und für die Besucher mittels digitaler Technologie mit der Kultur und Geschichte verbunden werden.

Beispielhaft sei zuerst ein Vorschlag vorgebracht, wie Venedig als eine der am meisten unter dem Übertourismus leidenden Städte historisch repliziert werden könnte. Danach wird überlegt, wie dies für sechs besonders stark überlaufene norditalienische und vier österreichische Städte möglich sein könnte.

Diese Vorschläge sind als vorläufige Ideen zu verstehen und erheben in keiner Weise den Anspruch, bereits unmittelbar anwendbar zu sein. Vielmehr soll den Leserinnen und Lesern aufgezeigt werden, auf welche Weise Neue Originale sinnvoll gestaltet werden können.

6.1 Venedig

Ein Neues Original von Venedig würde den Dogenpalast, den Markusdom, den Campanile und den Markusplatz sowie die Rialtobrücke und einen Abschnitt des Canal Grande umfassen. Übrige Teile der Stadt könnten mithilfe modernster Technik wirklichkeitsgetreu wiedergegeben werden, so dass die Besucher nicht erkennen können, wo ein Gebäude oder ein Stadtteil repliziert wurde oder nur virtuell dargestellt wird (Losse 2019).

Die in den verschiedenen Perioden der Geschichte Venedigs dominierenden Persönlichkeiten lassen sich mittels Hologrammen lebendig darstellen:

- Die ausgeklügelte Wahl der Dogen mithilfe von Abstimmungen und Zufallsentscheidungen kann den Besuchern illustriert werden. Der 77. Doge der Republik Venedig, Andrea Gritti, der durch Bilder der großen Künstler Tintoretto im Dogenpalast und Tizian im Metropolitan Museum in New York und in der National Gallery in Washington bekannt ist, könnte als Hologramm bei seiner Regierungsarbeit im Palast dargestellt werden.
- Debatten in den verschiedenen Gremien der Serenissima – wie Venedig auch genannt wird – könnten virtuell lebendig gemacht werden.
- Die Musik berühmter Komponisten, wie Antonio Vivaldi, Tomaso Albinoni oder Claudio Monteverdi, kann den Besuchern in Ausschnitten nahegebracht werden oder es können ganze Werke in einer entspannten Atmosphäre aufgeführt werden. Dabei kann auch auf das Leben dieser Personen eingegangen werden.
- Maler wie Bellini, Tizian, Tintoretto, Tiepolo, Guardi und Canaletto lassen sich ebenfalls als Hologramm beim Malen ihrer Meisterwerke verfolgen.
- Die Werke des Komödiendichters Carlo Goldoni können wiederaufgeführt werden.
- Nicht weniger als acht Päpste stammen aus Venedig, zuletzt und nur sehr kurz Johannes Paul I. Ihr Leben kann im Zusammenhang mit der Lagunenstadt dargestellt werden.

- Das Leben des Weltreisenden Marco Polo, der europäische Leser mit Berichten seiner Reisen durch China begeisterte, kann gerade für heutige Besucher aus China bekannt gemacht werden.
- Die einzigartige Flucht von Giacomo Casanova aus den Bleikammern des Gefängnisses im Dogenpalast kann spannend dargestellt werden, zum Beispiel in einem entsprechenden Film. Attraktiver wäre wohl, dieses Ereignis mit lebenden Schauspielern oder wiederum in Form eines Hologramms darzustellen.
- Schließlich können auch historische Ereignisse den Besuchern dramatisch nahe gebracht werden, wie zum Beispiel das unselige Ende der Republik Venedig durch Napoleon Bonaparte im Jahre 1797 nach 1100 Jahren Bestand.

Die Besucher des replizierten Venedigs wissen, dass sie nicht an der Originalstätte sind. Dieses Gefühl kann jedoch durch das intensive historische und künstlerische Ereignis aufgewogen werden. Digitale Technik ermöglicht es, den Touristen zu vermitteln, wie Venedig in der Vergangenheit gewesen sein mag, insbesondere als die Stadt im Zeitalter der Renaissance und des Barocks auf ihrem kulturellen Höhepunkt war.

Voraussetzung dafür ist eine feinfühlige und zugleich leicht zugängliche und spannende Darstellung in einem Neuen Original. Etwas überspitzt ließe sich sogar behaupten: Das historisch replizierte Venedig ist das *Wirklichere*. Dort wird den Besuchern mithilfe vor erweiterter und virtueller Realität die kulturelle und historische Situation dieser Stadt überzeugend vermittelt. Beim Besuch des heutigen Venedigs ist dies meist nicht der Fall.

6.2 Mehrere Städte vereinen

Venedig ist eine einzelne Stadt, die historisch repliziert werden kann. Viele Touristen bleiben jedoch nur kurz an einem Ort oder in einer Region. Es wird zum Beispiel von ein bis zwei Tagen für die Besichtigung ganz Norditaliens berichtet (García-Palomares et al. 2015; Ram und Hall 2017). Dies zeigt sich auch in Hallstatt. Dort hat sich die durchschnittliche Aufenthaltsdauer von 2,7 Tagen im Jahre 1990 auf 1,4 Tage im

Jahre 2016 verkürzt (Bundesanstalt Statistik Österreich 2019). Aus diesem Grunde kann es sinnvoll sein, kulturelle Sehenswürdigkeiten verschiedener Städte an einem Ort zu sammeln und mit digitaler Technik spannend erlebbar zu machen. Disneyland und andere Besucherparks verwenden diese Möglichkeit seit Langem, indem sie die verschiedensten Orte nebeneinander aufreihen. Allerdings ergibt sich daraus ein Sammelsurium unterschiedlichster Kunststätten und Sehenswürdigkeiten, das oft mehr als amüsante Illustration denn als ernsthafte historische und kulturelle Replikation angesehen werden kann.

Zur Illustration eines sinnvollen Neuen Originals mehrerer Städte sollen hier zwei Kombinationen verschiedener Kulturorte erörtert werden: norditalienische und österreichische Städte.

Norditalienische Städte

Es gibt eine große Zahl von kulturell bemerkenswerten Städten im nördlichen Italien. An dieser Stelle soll nur eine mögliche Auswahl aufgeführt werden. Viele andere Städte könnten ebenfalls berücksichtigt werden. Von vornherein ausgeschlossen werden Venedig und Florenz; sie verdienen sicherlich ein eigenes Neues Original.

- **Verona**

    In dieser Stadt dominiert das 20 n. Chr. von Tiberius erbaute Amphitheater, das ein halbes Jahrhundert vor dem römischen Kolosseum erbaut wurde. Dieses Bauwerk ist besonders bekannt, weil dort jedes Jahr ein viel besuchtes Opernfestival stattfindet. Insbesondere die spektakuläre Aufführung von Verdis „Aida" findet große Aufmerksamkeit (Abb. 6.1).

    Verona ist vielen Besuchern vor allem wegen Shakespeares „Romeo und Julia" wohlbekannt. Am Palazzo „Casa di Giulietta" in der Altstadt befindet sich der Balkon, der im Drama eine Rolle spielt. Allerdings wurde der Balkon erst um 1930 nachträglich angebaut und steht in keinem historischen Zusammenhang mit dem Stück von Shakespeare. Es handelt sich somit um eine rein touristische Attraktion. Ähnliches ist mit dem Triumphbogen Arco dei Gavi geschehen. Er stammt aus dem 1. Jh. n. Chr., wurde aber von den Franzosen im Jahre 1805 abgerissen und erst 1932 wieder aufgebaut.

6 Wie können Neue Originale in die Wirklichkeit umgesetzt …

Abb. 6.1 Römische Arena in Verona. (Quelle: Gianni Crestani, Pixabay)

Wird Verona ein Teil des Neuen Originals norditalienischer Städte, könnten neben der römischen Arena auch der Balkon von Romeo und Julia sowie der Arco dei Gavi ohne Bedenken nachgebaut werden. Letztere sind ja selbst Kopien.

Sicherlich wäre für eine Replikation der Arena ein erheblicher Aufwand nötig. Um einen überzeugenden Eindruck Veronas zu erhalten, könnten ein großer Teil der Arena sowie lebhafte Szenen antiker Aufführungen mittels virtueller Technologie vorgestellt werden. Dies würde auch den Erwartungen vieler Touristen stärker gerecht werden.

- **Siena**
  Der zentrale Platz, Piazza del Campo, ist wegen seiner dort zweimal jährlich stattfindenden spektakulären Pferderennen bekannt (Abb. 6.2). Diese Wettkämpfe, bei denen 17 Bezirke (Contraden) gegeneinander antreten, werden seit dem Mittelalter durchgeführt. Auf diesem Platz befinden sich auch der 1297 begonnene Palazzo Pubblico, in dem die Stadtregierung residiert, sowie der weithin sichtbare Torre del Mangia.

  Bei einem Neuen Original könnten der Palazzo Pubblico, der Torre del Mangia und ein Teil der Piazza del Campo originalgetreu repliziert werden. Besucher könnten mithilfe virtueller Techniken in das

Abb. 6.2 Pferderennen auf der Piazza del Campo in Siena. (Quelle: Anastasia Borisova, Pixabay)

Pferderennen einbezogen werden, so dass sie in das wichtigste Ereignis in Siena auf spannende Weise eintauchen können.

- **Pisa**
  Weltweit bekannt ist der Schiefe Turm (Campanile) auf der Piazza dei Miracoli neben dem mittelalterlichen Dom Santa Maria Assunta mit dem Baptisterium (Abb. 6.3). Dieser Campanile kann unter Verwendung moderner Bautechnik ohne Weiteres historisch repliziert werden.

- **Padua**
  Die bekannteste Sehenswürdigkeit ist die bedeutende Wallfahrtskirche Basilica di Sant'Antonio mit dem Grabmal des Heiligen und dem Hochaltar mit Bronzestatuen von Donatello. Kunstgeschichtlich bedeutend ist auch die Scrovegni-Kapelle mit dem Freskenzyklus von Giotto (Abb. 6.4).

Abb. 6.3 Schiefer Turm von Pisa. (Quelle: Bruno S. Frey)

In der 1427 als Zunftgebäude errichteten Scuola di Sant'Antonio hat Tizian den Kapitelsaal mit Fresken, wie etwa dem Wunder des heiligen Antonius, ausgeschmückt. Dies könnte einer norditalienischen historischen Replikation einen willkommenen Anlass geben, Besuchern anhand dieser Bilder das Leben und Werk des Künstlers zu vermitteln.

Abb. 6.4 Giotto: Judaskuss und Gefangennahme in der Scrovegni-Kapelle. (Quelle: Valentina Ficuciello, Pixabay)

- **Bergamo**
  In der durch gewaltige Stadtmauern umrundeten Oberstadt (Abb. 6.5) befindet sich die Piazza Vecchia mit einem mittelalterlichen Palazzo della Ragione (Rathaus). Auf der Piazza Duomo befindet sich die Cattedrale di Sant'Alessandro Martire und die Cappella Colleoni. In diesen Kirchen hat Tiepolo verschiedene Fresken gemalt. Der Opernkomponist Gaetano Donizetti ist in Bergamo geboren.

  Ein Neues Original könnte diese Kirchen nachbilden und mithilfe virtueller Techniken die Piazza Duomo mit Leben füllen. So kann das Werk des Malers Tiepolo anhand dieser Kirchen auf eingängige Weise dargestellt werden. Donizettis Opern des Belcanto der ersten Hälfte des 19. Jahrhunderts, wie Anna Bolena (1830), L'elisir d'amore (1832) oder Don Pasquale (1843), die heute weltweit zum Standardrepertoire von Opernhäusern gehören, können den Besuchern in Teilen nahegebracht werden. Damit würde ein Besuch Bergamos noch lebendiger.

Abb. 6.5 Bergamo Alta. (Quelle: nono_08450, Pixabay)

- **Vicenza**
  Diese Stadt ist eng mit Andrea Palladio verbunden. Dieser Renaissancearchitekt hat das erste freistehende nachantike Theater, das Teatro Olimpico, im Stadtzentrum gebaut und im Veneto viele Villen entworfen. Am bekanntesten ist die Villa Rotonda (oder Villa Capra) wenig außerhalb Vicenzas (Abb. 6.6). Diese prachtvollen Bauten könnten teilweise oder ganz kopiert und durch virtuelle Techniken ergänzt werden. So kann das Leben der Bewohner in früheren Zeiten dargestellt werden.

Die sechs erwähnten Kulturstädte Norditaliens – Verona, Siena, Pisa, Padua, Bergamo und Vicenza – sind alle von der UNESCO als Teil des Weltkulturerbes ausgezeichnet wurden. Sie stellen nur einen kleinen Ausschnitt aus den vielen bedeutenden Kulturstätten dieser Region dar. Es bietet sich noch eine große Zahl anderer Möglichkeiten. So könnten zum Beispiel die großartigen Mosaiken Ravennas miteinbezogen werden oder Mantua, Sabbioneta, Ferrara und Modena, die ebenfalls über bedeutende Kulturdenkmäler verfügen. Neben Venedig und Florenz finden sich auch

Abb. 6.6 Die Villa Rotonda (oder Villa Capra) bei Vicenza (Quelle: iStock.com/ Flavio Vallenari)

in anderen großen Städten wie Parma, Mailand, Turin oder Genua viele kulturell wertvolle Sehenswürdigkeiten, die eines Neuen Originals würdig wären.

Österreichische Städte

Ähnlich wie in Norditalien können auch die für Touristen wichtigsten Teile österreichischer Kulturstädte an einem Ort gesammelt werden. Die im Folgenden getroffene Auswahl soll wieder nur als Beispiel dienen. Es sind viele andere Möglichkeiten denkbar und sinnvoll.

- **Innsbruck**
  Das Wahrzeichen dieser Stadt ist der spätgotische Prunkerker Goldenes Dachl am Neuen Hof. Ebenfalls viel besucht ist die Hofkirche mit dem Grabmal für Kaiser Maximilian I. Das Mausoleum ist von eindrücklichen überlebensgroßen Bronzestauen umgeben.

6 Wie können Neue Originale in die Wirklichkeit umgesetzt … 89

Diese Kunststätten können in einem Neuen Original als Anlass genommen werden, den Besuchern den Aufstieg des Tiroler Grafengeschlechtes der Habsburger zum Kaisertum zu veranschaulichen.

- **Salzburg**
  Die meisten Touristen verbinden Salzburg eng mit dem genialen Komponisten Wolfgang Amadeus Mozart. Sein Geburtshaus in der Getreidegasse ist eine große Touristenattraktion in der Altstadt (Abb. 6.7), die durch die Festung Hohensalzburg überragt wird.

Abb. 6.7 Getreidegasse in Salzburg. (Quelle: Hans Braxmeier, Pixabay)

Die Stadt ist auch wegen seiner im Jahre 1920 gegründeten Musikfestspiele bekannt, die heute durch die Oster- und Pfingstfestspiele ergänzt werden. Deutschsprachigen Besuchern ist darüber hinaus das alljährlich aufgeführte Schauspiel Jedermann von Hugo von Hofmannsthal bekannt.

Ein Neues Original könnte Teile der Stadt beinhalten, vor allem aber das Leben und Werk von Mozart so aufbereiten, dass auch ansonsten wenig an klassischer Musik interessierte Besucher daran Vergnügen finden. Bei Mozarts vielfältigen Werken ist das nur ein geringes Problem.

- **Wien**
Wohl fast alle Touristen der österreichischen Hauptstadt sehen sich den Stephansdom, die Hofburg mit der Spanischen Hofreitschule, das Schloss Belvedere und die Wiener Staatsoper an. Auch die Sommerresidenz der Kaiser in Schönbrunn ist ein Besuchermagnet (Abb. 6.8).

Wien ist eine Musikstadt. Große Künstler wie Ludwig van Beethoven, Wolfgang Amadeus Mozart, Johannes Brahms, Richard

Abb. 6.8 Schloss Schönbrunn bei Wien. (Quelle: Federlos Blog, Pixabay)

Strauss, Alban Berg oder Arnold Schönberg haben dort gewohnt und gewirkt. Der Wiener Walzer wurde vor allem durch die Johann Strauss-Dynastie geprägt.

Auch Maler sind in Wien bedeutend. Aus dem 20. Jahrhundert sind dies vor allem Gustav Klimt, Egon Schiele und Oskar Kokoschka.

Für ein Neues Original bieten sich viele lohnende Möglichkeiten. Vermutlich wäre es zu aufwendig, etwa das riesige Schloss Schönbrunn neu zu erstellen. Aber mit Teilen davon, durch virtuelle Realität ergänzt, ließe sich den Besuchern ein guter Eindruck vermitteln; dabei kann stark auf die in Wien gepflegte Musik und Malerei zurückgegriffen werden.

- **Hallstatt**
  Dieses kleine Städtchen von 750 Einwohnern im Salzkammergut wird täglich von Zehntausenden von Touristen besucht, was den Lebensraum und die Lebensqualität der ansässigen Bevölkerung stark beeinträchtigt. Die Zahl der ankommenden Reisebusse vor allem mit chinesischen Touristen ist von 10.000 im Jahre 2015 auf fast 20.000 im Jahre 2018 angestiegen (Benz 2019). Der kleine Ort gilt gerade bei asiatischen Reisenden als so attraktiv, dass er in Südchina teilweise nachgebaut wurde. Viele andere kleine Siedlungen in Österreich könnten ebenso gut in ein Neues Original eingefügt werden.

6.3 Was braucht es, um Neue Originale zu schaffen?

Eine Bündelung verschiedener Kunststätten an einem Ort, wie sie für norditalienische und österreichische Städte skizziert wurde, erfordert große Anstrengungen. Expertinnen und Experten unterschiedlicher Disziplinen müssen eng miteinander zusammenarbeiten.

- *Kunst*
  Geeignete kulturelle Sehenswürdigkeiten sind auszuwählen. Die UNESCO-Liste der Stätten des Weltkulturerbes ist dazu zu umfassend; sie enthält etwa 900 besonders wichtige Kulturstätten. Es ist eine Auswahl notwendig. Besondere Aufmerksamkeit ist der Frage zu wid-

men, welche Kulturstätten der Menschheit bedroht sind. Gründe dafür sind Abnutzung durch allzu viele Touristen; Beeinträchtigungen durch Umwelteinflüsse, insbesondere Luftverschmutzung; mögliche Zerstörung durch terroristische Akte; aber vor allem auch durch uneinsichtige politische Maßnahmen, bei denen kunstgeschichtlich wertvolle Stätten zugunsten von modernen Bauten geopfert werden.

- *Architektur und Städtebau*
  Welche Kulturstätten lassen sich kopieren? Gibt es Spezialisten, insbesondere Handwerker, die dazu imstande sind? Wie hoch sind die entsprechenden Kosten zu veranschlagen? Können die replizierten Kulturstätten sinnvoll nebeneinander gesetzt werden, auch wenn sie unterschiedlichen Stilarten, etwa der Romanik, der Gotik, der Renaissance oder dem Barock, angehören? Wie kann der Übergang zu modernen Gebäuden, die in den Neuen Originalen notwendig sind, bewerkstelligt werden?

- *Tourismus*
  Welches ist das Zielpublikum eines Neuen Originals? Werden besonders kunstinteressierte Touristen angezogen oder sind sie auch für andere Besucher attraktiv? Welche Aufteilung des Touristenstroms zwischen den ursprünglichen und den neuen Orten ist zu erwarten? In welcher Weise kann in den Neuen Originalen eine Atmosphäre geschaffen werden, die Akzeptanz findet? Welche Annehmlichkeiten für die Besucher – Cafés, Restaurants, Hotels und Souvenirläden – müssen vorgesehen werden? Nicht zu vergessen ist die Planung der Anbindung mit den öffentlichen Verkehrsmitteln bzw. von Zufahrten für Privatwagen sowie Busse und den dazu benötigten Parkplätzen.

- *Ökologie*
  Auf welche Weise kann gesichert werden, dass die Neuen Originale umweltfreundlich gestaltet werden? Eine ökologisch und langfristig sinnvolle Implementierung fördert deren politische und gesellschaftliche Akzeptanz.

- *Ökonomie*
  Um Neue Originale zu schaffen, muss eine sorgfältige Investitionsrechnung durchgeführt werden. Die wirtschaftliche Tragfähigkeit ist zu berechnen. Dabei sind die zukünftig zu erwartenden Kosten mit

den zu erwartenden Einnahmen zu vergleichen. Der kommerzielle Ertrag eines Neuen Originales hängt ab von der Zahl der Besucher und vom Preis, der für den Eintritt zu entrichten ist. Hinsichtlich der Preisgestaltung muss überlegt werden, wie potenzielle Besucher auf unterschiedliche Eintrittspreise reagieren, insbesondere welche Alternativen sie zur Verfügung haben. Wenn z. B. der originale Ort keinen oder nur einen geringen Eintrittspreis erhebt, müssen auch die Eintrittspreise für Neue Originale tief gehalten werden. Allerdings sind Touristen es durchaus gewohnt, recht deftige Eintrittspreise für Freizeiteinrichtungen, wie z. B. die Disneylands oder den Europapark Rust, zu bezahlen. Für eine Familie ergibt sich leicht ein Betrag von über 100 Euro. Sowohl bei der Besucherzahl als auch bei den möglichen Eintrittspreisen kann es nur vage Schätzungen geben. Daher muss hinsichtlich der Einkünfte mit unterschiedlichen Szenarien operiert werden. Die Kosten für die Errichtung der replizierten Bauwerke und die umfassende digitale Gestaltung lassen sich wohl einfacher berechnen. Das Gleiche gilt für die Kosten von Personal, Unterhalt, Versicherungen und vielem mehr. Aber auch in dieser Hinsicht bleibt vieles unsicher.

- *Finanzierung*
Ein Neues Original zu schaffen, bedarf hoher finanzieller Aufwendungen. Die zu erzielende Rendite muss mit alternativen Investitionsmöglichkeiten verglichen werden. Ob das Bankensystem zu den notwendigen Krediten bereit ist, bleibt offen. Möglicherweise ist auch eine staatliche Unterstützung denkbar, fördert doch das Neue Original die Erhaltung der ursprünglichen Kulturstätten, d. h. es wird eine Leistung für die Gesellschaft als Ganzes erbracht.

Aus dieser Aufzählung werden die hohen Anforderungen an Neue Originale und deren Investoren und Betreiber deutlich. Kulturtourismus und Kulturreisen sind von einem Luxusgut zu einem allgemeinen Konsumgut geworden. Daher ist es unerlässlich, die Anforderungen immer mit den Problemen zu vergleichen, die heute und in Zukunft auf die originalen Kulturstätten zukommen werden, wenn deren Angebot nicht massiv erweitert wird.

Teil III

Kultureller Übertourismus – Ein Ausblick

7

Folgerungen

7.1 Kultureller Übertourismus ist umstritten

Übertourismus wird in den Medien als Problem erkannt und diskutiert. Die schwerwiegenden negativen Auswirkungen – Überbeanspruchung und damit Zerstörung von Kulturstätten; Emissionen, Verschmutzung, Abfall und Lärm; ungebührliches Verhalten und Kriminalität; explodierender Verkehr – sind vielen Menschen deutlich geworden. Ohne ernsthafte Anstrengungen, dieser Entwicklung entgegenzuwirken, werden sich die Probleme für die Betroffenen nur verstärken.

Kulturtouristen leiden besonders stark unter diesen negativen Effekten. An den Kulturstätten begegnen sie vorwiegend oder sogar ausschließlich anderen Touristen. Die für viele kunstinteressierte Touristen wichtige Atmosphäre geht verloren und ein Genuss der Sehenswürdigkeiten wird verunmöglicht.

Auch die lokale Bevölkerung ist stark betroffen und flüchtet aus den Stadtzentren, nicht zuletzt auch deshalb, weil die Mieten deutlich steigen und die Lebensumstände wegen des Massentourismus immer beschwerlicher werden.

Diese Umstände haben zu Protesten geführt, insbesondere in Barcelona, Amsterdam und Venedig. Aber auch anderswo macht sich Unmut in der ansässigen Bevölkerung breit, wie etwa in Zermatt und Luzern, auf der Rigi oder auf dem Jungfraujoch in der Schweiz. Im Jahre 2018 haben nicht weniger als 912.000 Personen die Rigi besucht und beinahe eine halbe Million das Jungfraujoch (Kamm-Sager 2019). Tourismusorganisationen kämpfen allerdings gegen diese Unmutsäußerungen, weil deren Einkünfte durch die Besucher generiert werden. Sie haben politisch viel Gewicht, womit sie sich gegen allfällige Beschränkungen der Touristenzahlen erfolgreich wehren können.

Die von den Regierungen unternommenen Maßnahmen, den negativen Auswirkungen des kulturellen Übertourismus zu begegnen, sind bisher wenig erfolgreich. Appelle und Marketinganstrengungen haben nur eine geringe Wirkung. Deshalb wird vor allem auf administrative Einschränkungen gesetzt. Besuche werden örtlich und zeitlich begrenzt.

Vermehrt werden Eintrittspreise für den Besuch von Kulturstätten erhoben. So plante Venedig im Februar 2019, von jedem Besucher drei Euro zu verlangen; der Starttermin wurde jedoch immer wieder verschoben. Ab 2020 könnte je nach Saison und Gedränge der Eintrittspreis auf zehn Euro steigen (Dignös 2019). Allerdings zeigt die Erfahrung, dass höhere Zugangspreise eine geringe Wirkung zeigen, weil gerade für ausländische Touristen die höheren Kosten eines Besuchs im Vergleich zu den anderen Transportkosten wenig ins Gewicht fallen. Nur wenn die Eintrittspreise eine beträchtliche Höhe erreichen, vermindert sich die Besucherzahl. Diese Maßnahme ist jedoch politisch umstritten, weil die unteren Einkommensschichten besonders belastet werden. Es kann dann leicht der Vorwurf erhoben werden, attraktive Kunstorte würden nur für die „Reichen" zugänglich gemacht. Es ist auch moralisch fragwürdig, ob kommende Generationen und Angehörige anderer Länder und Kontinente zumindest teilweise vom Kunstgenuss ausgeschlossen werden dürfen.

Die bisherigen Maßnahmen, mit dem Übertourismus umzugehen, setzen ausschließlich bei der Nachfrage an. Die Zahl der Gäste soll vermindert werden, damit für den Rest ein Besuch erfreulicher verlaufen kann. Eine Ausnahme ist der Versuch, die Touristen auf bisher weniger besuchte Kunststätten umzulenken. Allerdings werden auch diese alternativen Orte bald überfüllt sein, wenn das bisherige Wachstum des Tourismus anhält.

7.2 Kultureller Übertourismus: Eine Lösung

Mein Vorschlag Neuer Originale geht einen wichtigen Schritt weiter. Das Angebot an Kulturstätten soll erhöht werden, indem sie teilweise oder ganz an geeigneter Stelle quasi-identisch aufgebaut werden. Sie müssen gut gelegen sein, damit der Transport der Besucher möglichst wenig ökologischen Schaden anrichtet. Die reproduzierten Gebäude und die digitale Technologie mithilfe erweiterter und virtueller Realität müssen eng mit der Geschichte und der künstlerischen Bedeutung einer Kulturstätte verbunden werden. Die Besucherinnen und Besucher sollen sich als Teil eines Geschehens zu der Zeitperiode fühlen, in der sich die Kulturstätten entwickelt haben. Die gezeigte Kultur muss ihnen auf leicht verständliche Weise nahe gebracht werden. Das derart vermittelte historische und kulturelle Erlebnis bringt den Besuchern der reproduzierten Sehenswürdigkeiten einen Zusatznutzen, der bei einem Besuch eines überfüllten Ortes weitgehend fehlt. Dieses Miterleben unterscheidet die Neuen Originale von den durch kulturellen Übertourismus in Mitleidenschaft gezogenen ursprünglichen Orten.

Für die Tourismusindustrie eröffnet die hier vorgeschlagene Idee, Neue Originale zu schaffen und zu betreiben, zusätzliche Möglichkeiten. Firmen, die Touristen Kulturreisen anbieten, sind nicht mehr von den bisherigen, regelmäßig als einzigartig bezeichneten Kulturstätten abhängig. Sollte zum Beispiel die staatliche Administration Venedigs einem solchen Reiseunternehmen aus unterschiedlichen Gründen Steine in den Weg legen (z. B. höhere Steuern oder reduzierte Eintrittszeiten), bietet sich eine Alternative in Form eines in der Nähe gelegenen Neuen Originals von Venedig. Die Reiseorganisation ist nicht mehr von einem monopolistischen Anbieter abhängig und erfährt damit einen größeren Freiraum für ihre Tätigkeit zugunsten kulturorientierter Touristen. Die Existenz von zwei verschiedenen Kulturstätten verspricht auch zusätzliche Arbeitsplätze, was für die Touristikindustrie vorteilhaft ist.

Wichtig ist, den Touristen die Neuen Originale sinnvoll anzubieten. So wäre es verfehlt, traditionelle Bildungsbürger von einem Besuch des Originalortes abzuhalten und stattdessen das kopierte Venedig anzubieten. Vielmehr müssen die Vorteile der Neuen Originale sorgfältig herausgearbeitet werden. Insbesondere ist hervorzuheben, dass die Besucher eines Neuen Originals vertieft in die Geschichte und Kunst eintauchen können. Die dabei verwendeten modernen digitalen Medien vermitteln diese Beziehung auf attraktive und neuartige Weise. Gleichzeitig können diese Vorzüge angenehm erlebt werden, weil die durch den Übertourismus entstehenden Belastungen in Form von Warteschlangen, Überfüllung, Lärm und Stress vermieden werden.

Die Touristikunternehmen müssen überlegen, für welche Gruppen von Touristen die Vorteile Neuer Originale besonders wichtig sind. Offensichtlich ist dies für Familien mit Kindern der Fall, denn das Angebot nimmt gerade auf jüngere Personen und deren Interessen besonders Rücksicht. Ähnliches gilt für Touristen, die zwar berühmte Kulturstätten besuchen möchten, aber selbst keine vertiefte Beziehung zu deren Kunst und Geschichte haben. Vermutlich gilt dies für einen beträchtlichen Teil der Touristen. Sie werden in den Neuen Originalen nicht von oben herab belehrt, sondern hervorragende Fachleute vermitteln ihnen die Geschichte und Kunst einer Kulturstätte. Eine weitere Gruppe von Personen, die vermutlich gerne die Neuen Originale besuchen wird, sind Jugendliche. Sie werden vor allem durch die verwendete digitale Technologie in den unterschiedlichsten Formen, wie erweiterte Realität (augmented reality), virtuelle Realität (virtual reality), digitale Doppelgänger (digital twins) und Darstellungen von Persönlichkeiten mittels Hologrammen fasziniert sein. Die gleichen Vorzüge sind für die vielen Besuche durch Schulen wichtig. Nicht selten sind Reisen für Schülerinnen und Schüler in die originalen Orte eher langweilig, weil kein Bezug zu ihren Interessen hergestellt wird. Die Neuen Originale überwinden genau diese Beschränkung. Schließlich bieten Neue Originale für Behinderte oder für Ältere zum ersten Mal eine umfassende Möglichkeit, Städte wie etwa Venedig zu erleben, was heute nur beschränkt möglich ist. So ist das originale Venedig wegen der vielen Brücken für Rollstuhlfahrer kaum zugänglich.

Tourismusorganisationen können vermehrt Touristen in die Neuen Originale anziehen, indem sie diese als zukünftige Drehorte für Filme und Fernsehserien schmackhaft machen. Damit wird einem Neuen Original vermehrte Aufmerksamkeit zuteil und es prägt sich in das Gedächtnis potenzieller Besucher ein. Eine solche Wirkung kann insbesondere erwartet werden, wenn ein Film einen Kultstatus erlangt. Dies war in der

Vergangenheit schon verschiedentlich der Fall (vgl. dazu die umfassende Übersicht bei Connell 2012).

- Die Fernsehserie „Game of Thrones" (2011–2019, mit 73 Episoden) wurde teilweise in Dubrovnik gedreht und wird in dieser Stadt aktiv beworben, also zu Marketingzwecken verwendet. Eine sorgfältige ökonometrische Studie (Depken et al. 2017) errechnet einen beachtlichen Effekt dieser Serie auf die Besucherzahlen der Stadt: Pro Jahr haben zusätzlich fast 60.000 Personen in Dubrovnik übernachtet, seit „Game of Thrones" ausgestrahlt wurde.
- Die Sissi-Filme der 50er-Jahre mit Romy Schneider in der Hauptrolle ziehen immer noch Touristen an die Orte, die mit der Kaiserin Elisabeth verbunden werden. Die Hofburg in Wien wird heute maßgeblich unter Sissis Namen vermarktet (Peters et al. 2011).
- Die Stadt Wien ist besonders bei angelsächsischen Touristen eng mit dem Film „Der dritte Mann" (1949, unter der Regie von Carol Reed und dem Drehbuch von Graham Greene) verbunden. Die Fahrt des Hauptdarstellers, Orson Welles, in einem Jeep durch das Wien der Nachkriegszeit bleibt vielen lebendig in Erinnerung.
- Das Hollywood-Musical „Sound of Music" (1965) wurde in der Stadt und Umgebung von Salzburg gedreht und zieht noch immer manche Touristen aus Amerika an, weil der Film nach wie vor häufig am Fernsehen gezeigt wird (Luger und East 2001).
- Venedig bildet sicherlich auch einen Anziehungspunkt für die Bewunderer des nach der Novelle von Thomas Mann 1971 gedrehten Filmes „Tod in Venedig" unter der Regie von Luchino Visconti mit Dirk Bogarde als Aschenbach in der Hauptrolle. Im Film werden unter anderem der Markusplatz, die wegen der Choleraepidemie verlassenen Hinterhöfe und Aschenbachs Überfahrt mit der Gondel zum Lido gezeigt.

Neue Originale erfordern somit von Touristikanbietern, sich neu zu orientieren und noch bewusster auf die Interessen der Reisenden einzugehen. Es genügt nicht, einfach die Neuen Originale neben den herkömmlichen Kulturstätten anzubieten. Vielmehr müssen die jeweiligen Vor- und Nachteile der beiden Angebote sorgfältig dargelegt werden.

Neue Originale werden mannigfache Widerstände hervorrufen:

Manche Anbieter der bestehenden Tourismusindustrie werden sich gegen den Vorschlag Neuer Originale wenden. Sie befürchten einen Rückgang der an den entsprechenden Orten ansässigen Hotellerie, Gastronomie und Läden. Dazu zählt auch die Plattform Airbnb, die schon seit beträchtlicher Zeit zu einer eigenen Industrie geworden ist.

Im Vergleich zu den etablierten touristischen Anbietern eröffnen sich in den historisch replizierten Neuen Originalen weitere Möglichkeiten. Es ist unsicher, ob diese alternativen Orte überhaupt entstehen werden; auf jeden Fall wird dies erst in späterer Zukunft geschehen. Deshalb haben ihre Befürworter geringeres politisches Gewicht als die heutigen Touristikorte. Dies gilt auch, wenn – was zu erwarten ist – die gesamten Ausgaben der Touristen steigen, sich dann aber auf zwei Angebote, auf die ursprünglichen Plätze und die Neuen Originalen, verteilen würden.

Manche klassische Bildungsbürger empfinden Neue Originale als ein wahres Sakrileg, das energisch zu bekämpfen ist. Sie werden diesen Vorschlag nicht akzeptieren, auch wenn die Neuen Originale historisch und kulturell gut verknüpft werden. Strikt zwischen Original und Kopie zu unterscheiden, halten sie für zentral, auch wenn diese extreme Differenzierung in der Kunstgeschichte aufgegeben wurde. Ein kulturell wertvoller Bau ist in aller Regel im Laufe der Zeit verändert worden. Diese Entwicklung gehört zu einem Kunstwerk und beeinträchtigt dessen Bedeutung nicht. Dies gilt sogar für Gemälde, die verschiedentlich übermalt wurden.

Wer Neue Originale als verfehlt oder gar skandalös empfindet, hat immer noch die Möglichkeit, die originale Kunststätte zu besuchen. Ein Aufenthalt wird sogar angenehmer, weil ein Teil der Touristen nicht mehr dorthin geht, sondern die Neuen Originale besucht. Die Zahl der Touristen nimmt deshalb eher ab. Aus diesem Grund sollten Bildungsbürger die Angebotserweiterung durch Neue Originale begrüßen.

Neue Originale zu schaffen, erfordert große Anstrengungen. Neben ökologisch und logistisch geeigneten Orten ist es auch wichtig, die zu kopierenden Bauten so auszuwählen, dass sie nicht beziehungslos nebeneinander stehen, sondern dass ein Ganzes entsteht, in dem sich die Besucher wohl fühlen. Schwierig ist ebenso, eine Sehenswürdigkeit mit den dort herrschenden Traditionen, der Geschichte und der Kultur zu verbinden. Letzteres ist besonders bedeutsam, weil dadurch für die kulturell interessierten Touristen ein Zusatznutzen geschaffen wird. Nur wenn dies gelingt, werden die originalen Orte nicht weiter durch Besucher überschwemmt.

Neue Originale sind kein Allheilmittel gegen die vielen Probleme des Übertourismus. Das Konzept ist nicht überall umsetzbar und kann auf große Schwierigkeiten stoßen. Im Vergleich zu den heutigen, gut sichtbaren und oft sehr unangenehmen Situationen von überfüllten Kulturstätten, verspricht dieser Vorschlag jedoch einen Fortschritt.

Literatur

Abbasov, F. (2019). *One corporation to pollute them all.* https://www.transport-environment.org/publications/one-corporation-pollute-them-all. Zugegriffen am 19.08.2019.

Aichner, T., Maurer, O., Nippa, M., & Tonezzani, S. (2019). *Virtual reality im tourismus essentials.* Wiesbaden: Springer Gabler.

Armellini, A. (2016). Touristenboom und Einwohnerschwund. „Venedig wird eine Geisterstadt". *Spiegel online.* https://www.spiegel.de/reise/staedte/venedig-einwohner-demonstrieren-gegen-massentourismus-a-1121068.html. Zugegriffen am 02.01.2020.

Arnold, D. (2008). Digital artefacts: possibilities and purpose. In M. Greengrass & L. Hughes (Hrsg.), *The virtual representation of the past* (S. 160–170). London: Routledge.

Association of Mediterranean Cruise Ports. (2018). https://www.medcruise.com/18-statistics-cruise-activities-in-medcruise-ports. Zugegriffen am 09.01.2020.

Backman, K. F., & Backman, S. (1997). An examination of the impacts of tourism in a gateway community. In H. Lee Meadow (Hrsg.), *Development in quality-of-life studies, 1:6.* Blacksburg: International Society for Quality of Life Studies.

Barron, K., Kung, E., & Proserpio, D. (2018). The sharing economy and housing affordability: Evidence from Airbnb. *SSRN Electronic Journal.* https://doi.org/10.2139/ssrn.3006832.

Baudrillard, J. (1994). *Simulacra and simulation.* Ann Arbor: University of Michigan Press.

Becker, E. (2013). *Overbooked: The exploding business of travel and tourism.* New York: Simon & Schuster.

Belisle, F. J., & Hoy, D. R. (1980). The perceived impact of tourism by residents: A case study in Santa Marta, Colombia. *Annals of Tourism Research, 7*(1), 83–101. https://doi.org/10.1016/S0160-7383(80)80008-9.

Bellon, T. (2018). Berlin Loosens Law for Short-term Home Rentals. *Reuters.* https://www.reuters.com/article/airbnb-berlin/berlin-loosens-law-for-short-term-home-rentals-idUSL8N1R473J. Zugegriffen am 22.08.2019.

Benz, M. (23. August 2019). Hallstatt – Das überfüllte „Paradies". *Neue Zürcher Zeitung,* S. 26–27. https://www.nzz.ch/wirtschaft/hallstattein-dorf-wehrt-sich-gegen-overtourism-aus-china-ld.1501634?reduced=true. Zugegriffen am 05.06.2020.

Brida, J. G., & Zapata, S. (2010). Cruise tourism – Economic, sociocultural and environmental impacts. *International Journal Leisure and Tourism Marketing, 1*(3), 205–226.

Bundesanstalt Statistik Österreich. (2019). Nächtigungsstatistik ab 1974 (GEH) Q, [tou_int_geh].

Città di Venezia. (2019). *EnjoyRespectVenezia.* https://www.comune.venezia.it/de/content/enjoyrespectvenezia. Zugegriffen am 17.10.2019.

Città di Venezia. (3. Januar 2020). *Touristeninformation – Hochrechnung der pro Tag in Venedig erwarteten Besucher.* https://www.comune.venezia.it/de/content/touristeninformation-hochrechnung-der-pro-tag-venedig-erwarteten-besucher. Zugegriffen am 10.04.2020.

Clancy, M. (2019). Overtourism and resistance. Today's anti-tourist movement in context. In H. Pechlaner, E. Innerhofer & G. Eschbaner (Hrsg.), *Overtourism. Tourism management and solutions, Kapitel 2.* London/New York: Routledge.

Clemente-Ruiz, A., & Aloudat, N. (Hrsg.). (2019). *Von Mossul nach Palmyra. Eine Virtuelle Reise durch das Weltkulturerbe.* München: Hirmer.

Connell, J. (2012). Film tourism – Evolution, progress and prospects. *Tourism Management, 33*(5), 1007–1029. https://doi.org/10.1016/j.tourman.2012.02.008.

Connolly, K. (16. September 2019). A rising tide: „overtourism" and the curse of the cruise ships. *Guardian.* https://www.theguardian.com/business/2019/

sep/16/a-rising-tide-overtourism-and-the-curse-of-the-cruise-ships. Zugegriffen am 19.01.2020.

Croce, V. (2018). With growth comes accountability: Could a leisure activity turn into a driver for sustainable growth? *Journal of Tourism Futures, 4*(3), 218–232. https://doi.org/10.1108/JTF-04-2018-0020.

D'Eramo, M. (2017). *Il Selfie del Mondo. Indagine sull'Età del Turismo.* Milano: Feltrinelli. Deutsche Übersetzung: Die Welt im Selfie. Eine Besichtigung des touristischen Zeitalters. Berlin: Suhrkamp/Insel (2018).

D'Eramo, M. (2018). Der Reisende ist nur ein Tourist, der abstreitet, einer zu sein. Interview von Daniel Weber, NZZFolio, Wir Touristen, Oktober. https://folio.nzz.ch/2018/oktober/der-reisende-ist-nur-ein-tourist-der-abstreitet-einer-zu-sein. Zugegriffen am 05.02.2020.

Daponte, P., De Vito, L., Picariello, F., & Ricio, M. (2014). State of the art and future developments of augmented reality for measurement applications. *Measurement, 57,* 53–70.

Depken II, C. A., Globan, T., & Kožić, I. (2017). Television induced tourism: Evidence from croatia. *SSRN.* https://ssrn.com/abstract=3002690 oder https://doi.org/10.2139/ssrn.3002690.

Dignös, E. (23. April.2019). Wie sich überlaufene Urlaubsorte wehren. *Süddeutsche Zeitung Magazin.* https://www.sueddeutsche.de/reise/tourismus-massentourismus-strategien-gegen-overtourism-1.44077.03. Zugegriffen am 10.01.2020.

Dodds, R., & Butler, R. (Hrsg.). (2018). *Overtourism: Issues, realities and solutions.* Berlin/Boston: de Gruyter.

Fawcett, J. (1998). Use and Abuse: Management and Good Practice in Cathedrals and Greater Churches. In J. Fawcett (Hrsg.), *Historic floors: Their history and conservation* (S. 120–128). Oxford/Boston: Butterworth-Heinemann.

FAZ. (14. Februar 2019). *So viel Eintritt müssen Venedig-Touristen künftig zahlen.* https://www.faz.net/aktuell/gesellschaft/menschen/italien-so-viel-eintritt-muessen-venedig-touristen-kuenftig-zahlen-16024718.html. Zugegriffen am 09.02.2020.

Flughafen Zürich. (2020). *Bewegungsstatistik.* https://www.flughafen-zuerich.ch/unternehmen/laerm-politik-und-umwelt/flugbewegungen/bewegungsstatistik. Zugegriffen am 06.04.2020.

Frey, B. S. (2003). *Arts & economics – Analysis & cultural policy* (2. Aufl.). Berlin/Heidelberg: Springer.

Frey, B. S. (2019). *Economics of art and culture.* Cham: Springer.

Frey, B. S., & Briviba, A. (2019). Historical replication preserves cultural heritage. *SSRN*. https://ssrn.com/abstract=3491127 oder https://doi.org/10.2139/ssrn.3491127.

Frey, B. S., & Meier, S. (2006). The economics of museums. In V. A. Ginsburg & D. Throsby (Hrsg.), *Handbook of the economics of art and culture* (Bd. 1, S. 1017–1047). North Holland: Elsevier.

Frey, B. S., & Pamini, P. (2009). Making world heritage truly global: The culture certificate scheme. *Oxonomics, 4*(2), 1–9. https://doi.org/10.1111/j.1752-5209.2009.00033.x.

Frey, B. S., & Pommerehne, W. W. (1993). On the fairness of pricing – An empirical survey among the general population. *Journal of Economic Behavior and Organization, 20*(3), 295–307.

Frey, B. S., & Steiner, L. (2011). World heritage list: Does it make sense? *International Journal of Cultural Policy, 17*(5), 555–573. https://doi.org/10.1080/10286632.2010.541906.

Frey, B. S., & Steiner, L. (2012). Pay as you go: A new proposal for museum pricing. *Museum Management and Curatorship, 27*(3), 223–235.

García-Hernández, M., De la Calle-Vaquero, M., & Yubero, C. (2017). Cultural heritage and urban tourism: Historic city centres under pressure. *Sustainability, 9*(1346), 1–19. https://doi.org/10.3390/su9081346.

García-Palomares, J., Gutiérrez, J., & Mínguez, C. (2015). Identification of tourist hot spots based on social networks: A comparative analysis of European metropolises using photo-sharing services and GIS. *Applied Geography, 63*, 408–417. https://doi.org/10.1016/j.apgeog.2015.08.002.

Giuffrida, A. (2019). *The death of Venice? City's battles with tourism and flooding reach crisis level.* https://www.theguardian.com/world/2019/jan/06/venice-losing-fight-with-tourism-and-flooding. Zugegriffen am 11.08.2019.

Goodwin, H. (2017). The challenge of overtourism. *Responsible tourism partnership* (Working paper 4). https://haroldgoodwin.info/pubs/RTP%27WP4Overtourism01%272017.pdf. Zugegriffen am 09.04.2019.

Gössling, S., Scott, D., & Hall, M. (2018). Global trends in length of stay: Implications for destination management and climate change. *Journal of Sustainable Tourism, 26*(12), 2087–2101. https://doi.org/10.1080/09669582.2018.1529771.

Greengrass, M., & Hughes, L. (2008). *The virtual representation of the past.* London/New York: Routledge.

Hafner, U. (2019). *Venice time machine: Streit um Millionen-Projekt.* https://nzzas.nzz.ch/wissen/venice-time-machine-knatsch-um-millionen-projekt-ld.1528382?reduced=true. Zugegriffen am 07.03.2019.

Hardin, G. (1968). The tragedy of the commons. *Science, 162*(3859), 1243–1248.
Hawkins, D. E., Chang, B., & Warnes, K. (2009). A comparison of the national geographic stewardship scorecard ratings by experts and stakeholders for selected world heritage destinations. *Journal of Sustainable Tourism, 17*(1), 71–90. https://doi.org/10.1080/09669580802209944.
Heim, C. (19. Oktober 2019). „Wovon man nicht sprechen kann, darüber soll man schweigen". *Tagesanzeiger. Das Magazin*, Nr. 42, S. 24–27.
Hospers, G.-J. (2019). Overtourism in European cities: From challenges to coping strategies. *CESifo Newsletter, 20*(3), 20–24.
Hughes, N. (2018). „Tourists go home": Anti-tourism industry protest in Barcelona. *Social Movement Studies, 17*(4), 471–477. https://doi.org/10.1080/14742837.2018.1468244.
IUHB. (2019). Touristik-Radar. *Wie Urlauber auf Overtourismus reagieren*. Internationale Hochschule, Deutschland. https://www.iubh-university.de/wp-content/uploads/IUBH_Themenmappe-Overtourism.pdf. Zugegriffen am 18.12.2019.
Jacobsen, J. K. S., Iversen, N. M., & Hem, L. E. (2019). Hotspot crowding and over-tourism: Antecedents of destination attractiveness. *Annals of Tourism Research, 76*, 53–66.
Jin, Q., Hu, H., & Kavan, P. (2016). Factors influencing perceived crowding of tourists and sustainable tourism destination management. *Sustainability, 8*(10), 976. https://doi.org/10.3390/su8100976.
Joost, M. (2019). Chinas tower-bridge-Kopie sorgt für Unmut. *Geo*. https://www.geo.de/reisen/reiseziele/15909-rtkl-suzhou-chinas-tower-bridge-kopie-sorgt-fuer-unmut. Zugegriffen am 01.05.2020.
Jung, J. (2020). *Das Laboratorium des Fortschritts. Die Schweiz im 19. Jahrhundert*. Basel: NZZ Libro.
Kahneman, D., Knetsch, J. L., & Thaler, R. (1986). Fairness as a constraint on profit seeking. Entitlements in the market. *American Economic Review, 76*(4), 728–741.
Kaminski, J., Benson, A. M., & Arnold, D. (2013). *Contemporary issues in cultural heritage tourism*. New York/Abingdon: Routledge.
Kamm-Sager, C. (8. Oktober 2019). (Zu) viele Touristen: Diese Orte sind überfüllt, haben kapituliert oder sind ganz geschlossen für die Massen. *St. Galler Tagblat*. https://www.tagblatt.ch/leben/zu-viele-touristen-diese-orte-sind-ueberfuellt-haben-kapituliert-oder-sind-ganz-geschlossen-fuer-die-massen-ld.1158124. Zugegriffen am 11.03.2020.

Kamp, M. (15. Oktober 2019). Die Reisenden aus dem Reich der Mitte stellen hohe Ansprüche. *Neue Zürcher Zeitung*, S. 25. https://www.nzz.ch/wirtschaft/reisende-aus-dem-reich-der-mitte-stellen-hohe-ansprueche-ld.1514774. Zugegriffen am 12.12.2019.

Kester, J. (2016). *International tourism trends in EU-28 member states: Current situation and forecasts for 2020-2025-2030*. http://www.eufed.org/binary/uploads//UNWTO_TT2030_EU28.pdf. Zugegriffen am 12.12.2019.

Koens, K., Postma, A., & Papp, B. (2018). Is overtourism overused? Understanding the impact of tourism in a city context. *Sustainability, 10*(2), 4384. https://doi.org/10.3390/su10124384.

Landorf, C. (2009). Managing for sustainable tourism: A review of six cultural world heritage sites. *Journal of Sustainable Tourism, 17*(1), 53–70.

Larson, L. R., & Poudyal, N. C. (2012). Developing sustainable tourism through adaptive resource management: A case study of Machu Picchu, Peru. *Journal of Sustainable Tourism, 20*(7), 917–938. https://doi.org/10.1080/09669582.2012.667217.

Lindemann, T. (2019). *Touri, go home: Wie Massentourismus unsere Städte zerstört*. Berlin: Das Neue Berlin.

Losse, B. (14. Juni 2019). Man sollte Venedig als Replik nachbauen. *WirtschaftWoche/Der Volkswirt 25*, S. 40–41.

Luger, K., & East, P. (2001). Living in paradise: Youth culture and tourism development in the mountains of Austria. In R. Voase (Hrsg.), *Tourism in Western Europe – A collection of case histories* (S. 227–242). Wallingford/New York: CABI Publishing.

Lundberg, D. E. (1990). *The tourist business* (6. Aufl.). New York: Van Nostrand Reinhold.

Marti, G. A. (3. Oktober 2019). Komodoinsel wird zum teuren Pflaster. Hoher Eintrittspreis soll Touristenstrom eindämmen. *Neue Zürcher Zeitung*, Donnerstag, S. 24. https://www.nzz.ch/panorama/indonesien-will-dracheninsel-komodo-teurer-machen-ld.1512620?reduced=true. Zugegriffen am 11.07.2019.

Martinez, J.-L. (2019). Welche Zukunft haben die zerstörten Monumente? In A. Clemente-Ruiz & N. Aloudat (Hrsg.), *Von Mossul nach Palmyra. Eine Virtuelle Reise durch das Weltkulturerbe* (S. 112–117). München: Hirmer.

Martín-Martín, J. M., Martínez, J. M. G., & Fernández, J. A. S. (2018). An analysis of the factors behind the citizen's attitude of rejection towards tourism in a context of overtourism and economic dependence on this activity. *Sustainability, 10*(8), 2851. https://doi.org/10.3390/su10082851.

Martín-Martín, J. M., Ostos-Rey, M. S., & Salinas-Fernández, J. A. (2019). Why regulation is needed in emerging markets in the tourism sector. *American Journal of Economics and Sociology*, 78(1), 225–254. https://doi.org/10.1111/ajes.12263.

McKinsey & Company and World Travel & Tourism Council. (2017). *Coping with success. Managing overcrowding in tourism destinations*. London. https://www.mckinsey.com/industries/travel-transport-and-logistics/our-insights/coping-with-success-managing-overcrowding-in-tourism-destinations. Zugegriffen am 12.10.2019.

Metz, M., & Seesslen, G. (19. Mai 2019). *Sonderangebote – „Kreative" Preisgestaltung soll Kauf-Impulse auslösen*. https://www.deutschlandfunk.de/sonderangebote-kreative-preisgestaltung-soll-kauf-impulse.1184.de.html?dram:article_id=444842. Zugegriffen am 10.04.2019.

Milano, C. (2017). *Overtourism and tourismphobia: Global trends and local contexts technical report*. Barcelona: Ostelea School of Tourism & Hospitality.

Milano, C. (2018). Overtourism, Malestar Social y Turismofobia. Un Debate Controvertido. *PASOS. Revista de Turismo y Patrimonio Cultural*, 16(3), 551–564.

Milano, C., Cheer, J. M., & Novelli, M. (2018). *Overtourism: A growing global problem*. https://theconversation.com/overtourism-a-growing-global-problem-100029. Zugegriffen am 12.08.2019.

Milano, C., Novelli, M., & Cheer, J. M. (2019a). Overtourism and degrowth: A social movements perspective. *Journal of Sustainable Tourism*, 27(12), 1857–1875. https://doi.org/10.1080/09669582.2019.1650054.

Milano, C., Cheer, J. M., & Novelli, M. (Hrsg.). (2019b). *Overtourism: Excesses, discontents and measures in travel and tourism*. Wallingford/Oxfordshire/Boston: CABI.

Muscheler, U. (2008). *Die Nutzlosigkeit des Eiffelturms: Eine etwas andere Architekturgeschichte*. München: Beck.

Neuhaus, C. (15. Mai 2019). Interview. Tourismusexperte Christian Laesser: „Mittlerweile gibt es auch in der Schweiz Orte, wo die Grenze zum Overtourismus erreicht ist". *Neue Zürcher Zeitung*. https://www.nzz.ch/schweiz/mo-vertourism-es-gibt-schweizer-orte-wo-die-grenze-erreicht-ist-nzz-ld.1482167?reduced=true. Zugegriffen am 14.08.2019.

OECD/ICOM. (2019). *Culture and local development: Maximizing the impact. A guide for local governments, communities and museums*. 2018 OECD Conference on Culture and Local Development. Paris: OECD. https://www.oecd-ilibrary.org/docserver/9a855be5-en.pdf?expires=1587996291&id=id&accname=guest&checksum=6774A967D4A9C5A7B-CA470E71C03B630. Zugegriffen am 19.11.2019.

Ostrom, E. (1990). *Governing the commons: The evolution of institutions for collective action.* Cambridge: Cambridge University Press.

Pechlaner, H., Innerhofer, E., & Eschbaner, G. (Hrsg.). (2019). *Overtourism. Tourism management and solutions.* London/New York: Routledge.

Pedersen, I., Gale, N., Mirza-Babaei, P., & Reid, S. (2017). More than meets the eye: The benefits of augmented reality and holographic displays for digital cultural heritage. *Journal on Computing and Cultural Heritage, 10*(2), Article 11. https://doi.org/10.1145/3051480.

Peeters, P., Gössling, S., Klijs, J., Milano, C., Novelli, M., Dijkmans, C., Eijgelaar, E., Hartman, S., Heslinga, J., Isaac, R., Mitas, O., Moretti, S., Nawijn, J., Papp, B., & Postma, A. (2018). *Research for TRAN committee – Overtourism: Impact and possible policy responses.* Brüssel: European Parliament, Policy Department for Structural and Cohesion Policies.

Peters, M., Schuckert, M., Chon, K., & Schatzmann, C. (2011). Empire and romance: Movie-induced tourism and the case of the Sissi movies. *Tourism Recreation Research, 36*(2), 169–180. https://doi.org/10.1080/02508281.2011.11081317.

Phelan, J. (30. August 2018). *In just nine months, nearly 500 Florence Residents were turfed out to make way for tourist rentals.* https://www.thelocal.it/20180830/airbnb-florence-tourist-rental-evictions. Zugegriffen am 06.04.2020.

Picascia, S., Romano, A., & Teobaldi, M. (11–14 Juli 2017). The airification of cities: Making sense of the impact of peer to peer short term letting on urban functions and economy. *Proceedings of the Annual Congress of the Association of European Schools of Planning*, Lissabon.

Pietersen, P. (2006). *Kriegsverbrechen der alliierten Siegermächte: Terroristische Bombenangriffe auf Deutschland und Europa 1939–1945.* Norderstedt: BoD Books on Demand.

Pitrelli, M. B. (2019). *Instagrammers love this iconic spot, but there's something they don't want you to see.* https://www.cnbc.com/2019/12/02/norways-social-media-hot-spots-trolltunga-preikestolen-and-kjeragbolten.html. Zugegriffen am 05.04.2020.

Pousset, S. (2019). Herdentrieb – Wer rettet das Reisen vor Instagram? *Frankfurter Allgemeine Quarterly, 4*, 18.

Ram, Y., & Michael Hall, C. (2017). *Walkable places for visitors: Assessing and designing for walkability* (The Routledge international handbook of walking, S. 311–329). London/New York: Routledge.

Reinhardt, V. (18. Dezember 2019). Das Selfie verheisst Unsterblichkeit. *Neue Zürcher Zeitung*, S. 37. https://www.nzz.ch/feuilleton/selfiees-verspricht-unsterblichkeit-ld.1528486?reduced=true. Zugegriffen am 05.01.2020.

Reski, P. (2013). Kulturkampf – Die verkaufte Seele der Lagune. *Tagespiegel.* https://www.tagesspiegel.de/kultur/kulturkampf-die-verkaufte-seele-der-lagune/8026522.html. Zugegriffen am 05.04.2020.

Responsible Travel and Google. (2019). „Overtourism mapped: Tourism is headed into a global crisis". https://www.responsibletravel.com/copy/overtourism-map. Zugegriffen am 28.10.2019.

Richards, G. (2018). Cultural tourism: A review of recent research and trends. *Journal of Hospitality and Tourism Management, 36,* 12–21. https://doi.org/10.1016/j.jhtm.2018.03.005.

Richardson, D. (2017). *WTM 2017: Europe suffering the strain of tourism.* https://www.ttgmedia.com/wtm-news/wtm-news/wtm-2017-europe-suffering-the-strain-of-tourism-12206. Zugegriffen am 08.02.2020.

Rosen, S. (1981). The economics of superstars. *American Economic Review, 71*(5), 845–858.

Sans, A. A., & Quaglieri, A. (2016). Unravelling Airbnb: Urban perspectives from Barcelona. In A. P. Russo & G. Richards (Hrsg.), *Reinventing the local in tourism: producing, consuming and negotiating place* (S. 209–228). Bristol: Channel View Publications.

Schader, A., & Aeby, N. (14. Oktober.2019). Wie es Gott gefällt: Streifzug durchs christliche Amerika – ein Fototableau von Cyril Abad. *Neue Zürcher Zeitung.* https://www.nzz.ch/feuilleton/wie-es-gott-gefaellt-streifzug-durchs-christliche-amerika-ein-foto-tableau-von-ld.1514378?reduced=true. Zugegriffen am 05.12.2019.

Senn, L., & Egger, M. (2019). *Diese 5 Grafiken zeigen, wie rasant der Tourismus angestiegen ist.* https://www.watson.de/leben/reisen/296819127-diese-5-grafiken-zeigen-wie-rasant-der-tourismus-angestiegen-ist. Zugegriffen am 08.04.2020.

Seraphin, H., Yallop, A. C., Capatîna, A., & Gowreesunkar, V. (2018a). Heritage in tourism organisations' branding strategy: The case of a post-colonial, post-conflict and post-disaster destination. *International Journal of Culture Tourism and Hospitality Research, 12*(1), 89–105. https://doi.org/10.1108/IJCTHR-05-2017-0057.

Seraphin, H., Sheeran, P., & Manuela Pilato, M. (2018b). Over-tourism and the fall of Venice as a destination. *Journal of Destination Marketing & Management, 9,* 374–376. https://doi.org/10.1016/j.jdmm.2018.01.011.

Seraphin, H., Zaman, M., Olver, S., Bourliataux-Lajoinie, S., & Dosquet, F. (2019). Destination branding and overtourism. *Journal of Hospitality and Tourism Management, 38,* 1–4. https://doi.org/10.1016/j.jhtm.2018.11.003.

Singh, T. (2018). Is over-tourism the downside of mass tourism? *Tourism Recreation Research, 43*(4), 415–416. https://doi.org/10.1080/02508281.2018.1513890.

Smeral, E. (2019). Overcrowding in tourism destinations. In H. Pechlaner, E. Innerhofer & G. Eschbaner (Hrsg.), *Overtourism. Tourism management and solutions Kapitel 12*. London/New York: Routledge.

Smith, M., & Richards, G. (2013). *The Routledge handbook of cultural tourism*. London: Routledge.

Steinecke, A. (2010). Culture – A tourist attraction: Importance – Expectations – Potential. In R. Conrady & M. Buck (Hrsg.), *Trends and issues in global tourism 2010* (S. 185–196). Berlin/Heidelberg: Springer.

Su, Y.-W., & Lin, H.-L. (2014). Analysis of international tourist arrivals worldwide: The role of world heritage sites. *Tourism Management, 40*, 46–58. https://doi.org/10.1016/j.tourman.2013.04.005.

Thani, S., & Heenan, T. (2017). The ball may be round but football is becoming increasingly Arabic: Oil money and the rise of the new football order. *Soccer & Society, 18*(7), 1012–1026.

The Art Newspaper. (April.2019). *Special report*, Number 311. https://www.museus.gov.br/wp-content/uploads/2019/04/The-Art-Newspaper-Ranking-2018.pdf. Zugegriffen am 05.11.2019.

The Economist. (17. August 2019). *Social media. Daka destinations*. S. 42. https://www.economist.com/china/2019/08/15/for-some-in-china-the-aim-of-travel-is-to-create-15-second-videos. Zugegriffen am 18.12.2019.

The Economist. (14. März 2020a). *Traffic on everest. High and climbing*, S. 40. https://www.economist.com/asia/2020/03/12/new-rules-to-limit-numbers-on-everest-are-delayed. Zugegriffen am 05.06.2020.

The Economist. (22. Februar 2020b). *The data economy: Mirror worlds. A deluge of data is giving rise to a new economy*, S. 3–4. https://www.economist.com/special-report/2020/02/20/a-deluge-of-data-is-giving-rise-to-a-new-economy. Zugegriffen am 12.05.2020.

Throsby, D. (2001). *Economics and culture*. Cambridge: Cambridge University Press.

Tosun, C. (2002). Host perceptions of impacts: A comparative tourism study. *Annals of Tourism Research, 29*(1), 231–253. https://doi.org/10.1016/S0160-7383(01)00039-1.

UNESCO. (2019). *Operational guidelines for the implementation of the world heritage convention*. https://whc.unesco.org/en/guidelines. Zugegriffen am 02.03.2020.

UNWTO. (2018). *Overtourism? Understanding and managing urban tourism growth beyond perceptions*. Madrid: UNWTO. https://doi.org/10.18111/9789284420070.

Vecco, M., & Caus, J. (2019). UNESCO, cultural heritage sites and tourism. A paradoxical relationship. In H. Pechlaner, E. Innerhofer & G. Eschbaner (Hrsg.), *Overtourism. Tourism management and solutions Kapitel 5*. London/ New York: Routledge.

Vianello, M. (2016). The no Grandi Navi campaign: Protests against cruise tourism in Venice. In C. Colomb & J. Novy (Hrsg.), *Protest and resistance in the tourist city* (S. 171–190). London: Routledge.

Weaver, D., & Lawton, L. J. (2001). Resident perceptions in the urban – rural Fringe. *Annals of Tourism Research, 28*(2), 439–458. https://doi.org/10.1016/S0160-7383(00)00052-9.

Weber, F. (2017). Overtourism. An analysis of contextual factors contributing to negative developments in overcrowded tourism destinations. *BEST EN Think Tank XVII: Innovation and Progress in Sustainable Tourism: Conference Proceedings*, Mauritius, S. 315–320.

Weber, F., Stettler, J., Priskin, J., Rosenberg-Taufer, B., Ponnapureddy, S., Fux, S., Camp, M.-A., & Barth, M. (2017). *Tourism destinations under pressure. Challenges and innovative solutions*. Switzerland: Lucerne University of Applied Sciences and Arts. https://static1.squarespace.com/static/56dacbc6d210b821510cf939/t/5906f320f7e0ab75891c6e65/1493627704590/WTFL_study+2017_full+version.pdf. Zugegriffen am 02.04.2020.

Wegner, N., & Schössler, T. (2019). Evaluation des freien Eintritts in Dauerausstellungen für die baden-württembergischen Landesmuseen und das ZKM Zentrum für Kunst und Medien, Karlsruhe. Ergebnisbericht. Im Auftrag des Ministeriums für Wissenschaft, Forschung und Kunst Baden-Württemberg.

Wong, L., & Quintero, M. S. (2019). Tutankhamen's two tombs: Replica creation and the preservation of our cultural heritage in the digital age. *International Archives of the Photogrammetry, Remote Sensing and Spatial Information Sciences, 42–2*(W11), 1145–1150.

Zeng, B., & Gerritsen, R. (2014). What do we know about social media in tourism? A review. *Tourism Management Perspectives, 10*, 27–36. https://doi.org/10.1016/j.tmp.2014.01.001.

Zerva, K., Palou, S., Blasco, D., & Donaire, J. A. B. (2019). Tourism-philia versus tourism-phobia: Residents and destination management organization's publicly expressed tourism perceptions in Barcelona. *Tourism Geographies, 21*(2), 306–329. https://doi.org/10.1080/14616688.2018.1522510.

GPSR Compliance

The European Union's (EU) General Product Safety Regulation (GPSR) is a set of rules that requires consumer products to be safe and our obligations to ensure this.

If you have any concerns about our products, you can contact us on

ProductSafety@springernature.com

In case Publisher is established outside the EU, the EU authorized representative is:

Springer Nature Customer Service Center GmbH
Europaplatz 3
69115 Heidelberg, Germany

www.ingramcontent.com/pod-product-compliance
Lightning Source LLC
La Vergne TN
LVHW010343260326
834688LV00036B/861